I0783638

MEDARDO MEJÍA

ANAHTE

ERANDIQUE

COLECCIÓN

ANAHTE
MEDARDO MEJÍA

©Colección Erandique
Supervisión Editorial: Óscar Flores López
Diseño de portada: Andrea Rodríguez
Administración: Tesla Rodas
Director Ejecutivo: José Azcona Bocock
Primera Edición
Tegucigalpa, Honduras—Mayo 2025

UN LIBRO SAGRADO

No fue un solo parto. El alumbramiento de este libro, entre gritos de euforia y visiones del pasado, se fue dando durante un largo período de tiempo. ¿Cuánto? Nunca lo sabremos.

Aunque fueron las novelas, los cuentos y los ensayos donde Medardo Mejía destacó, también escribió poesía. Anahté es un ejemplo.

Muchos de ellos fueron publicados en revistas; otros quedaron ocultos, en los cajones del olvido… hasta que llegó el momento de salir del encierro, gracias a la generosidad de sus amigos, quienes decidieron atrapar esos versos en un libro.

No se trata de una antología cualquiera. Es un recorrido que inicia en un pasado misterioso y concluye con el saludo a distintas personalidades revolucionarias.

Fue como si Medardo Mejía hubiera decidido fundir su misticismo con sus ideas socialistas.

Anahté es un códice de memorias, un tejido de visiones y símbolos que han esperado demasiado tiempo para ser leídos con el corazón. Que este libro sea, entonces, un fuego nuevo.

Lo que ponemos en manos del lector es más que un libro; es un conjuro. Un aliento que viene desde Tikal, desde Copán, desde los fuegos de la resistencia indígena, desde las profecías dormidas de Quetzalcóatl.

Más que recitar, Medardo Mejía invoca. No escribe; siembra. Cada poema es un eco que regresa, una estrella que cae en la milpa, una piedra que habla desde el fondo de la ceiba.

Este canto no busca ornamento ni retórica. Nace del hambre de justicia, de la sed de memoria, de la necesidad de nombrar lo que el conquistador quemó. Y en esa llama están nuestros nombres verdaderos, nuestras genealogías ocultas, nuestros calendarios solares. Aquí renace Ixim, el dios del maíz. Aquí vibra el tzolkín. Aquí se alza Lempira. Aquí canta Morazán, no como estatua, sino como trueno.

Quien abra este libro, que lo haga con respeto. Quien lo lea, que lo escuche como se escucha a los abuelos en el fogón. Porque en Anahté arde un fuego antiguo, un fuego que no se apaga, un fuego que ilumina lo que fuimos y lo que aún podemos ser.

Colección Erandique agradece, una vez más, a doña Victoria Mejía, hija del maestro Medardo, quien generosamente nos ha cedido los derechos de publicación de la obra de su padre.

"Mi esperanza es que las nuevas generaciones conozcan la historia de Honduras. Mi padre dedicó su vida a la investigación y publicación de obras que ayudan a recuperar la memoria histórica", explica doña Victoria Mejía.

COLECCIÓN ERANDIQUE

ANAHTE. Es una compilación de versos escritos en distintas épocas. No hubo nunca intención de reunirlos en un tomo sino hasta hace poco por decisión unánime de varios amigos del autor. Por ello se ve que si en ningún momento pierde fuerza el amor a la vida y a la libertad, en cambio el canto ondula en exaltaciones y desmayos. No se advierte en ellos ninguna afiliación a determinada escuela literaria ni aferrada adhesión a un escritor célebre. Pero hay reverencia para varios varones latinoamericanos y sobre todo para Rubén Darío, Porfirio Barba-Jacob, Miguel Ángel Asturias, Pablo Neruda y Alfonso Guillén Zelaya. En otro sentido, los versos de este libro quizás sean una autobiografía. Y ello hace creer que no se han escrito sin razón ni motivo, artificiosamente, para darle rienda suelta al viejo lloriqueo romántico, o a la deslucida retórica del modernismo, o a las rebeldías de los marihuanos.

ANAHTE: Libro maya de largas tiras de papel de fibras de henequén, dobladas en forma de biombo; se le resguardaba entre dos tabletillas de madera que hacían las veces de pasta. El anahté era digno de los cuidados que se le prodigaban, porque era el depositario de las glorias del pueblo, de la creencia que profesaban y del arte de adivinar.

ANTONIO VILLACORTA. Estudios sobre Lingüística guatemalteca, 1934.

SUCEDIÓ EN IXACHILAN

IXACHILAN. En lengua náhuatl es el nombre precolombino de América. Significa "tierra firme muy grande". Lo encontró el mexicano ingeniero Juan Luna Cárdenas, especialista en lenguas indígenas de Mesoamérica. A nuestro conocimiento llegó tarde el nombre, cuando casi habíamos terminado el presente libro. No obstante, lo incorporamos en él como título de la Primera Parte; lo incluimos en el poema "Bolívar" y en otros, porque es un bello nombre que debe ser conocido y divulgado, siquiera en la llamada República de las Letras.

IXIM

I

¡Padre nuestro!
¡En verdad, Padre nuestro!
¡Sin ficción, Padre nuestro!

He buscado tu nombre en sepulcros, en cuevas, en ruinas, en los
valles, en las altas montañas. Por el jade espacioso de esta parte del
globo, que también de algún modo se ha de llamar
en nuestras
lenguas semiborradas, y he de encontrarlo un día para poder
librarme de nombres superpuestos, como decir las Indias,
o América,
o Colombia...

Nombres que significan,
¿entiendes?
cosa ajena.

De España vino ha siglos una noche de cuervos. De aquel país
hundido en cantos funerales, en Santa Inquisición, en diarios
quemaderos humanos para alegrar a Felipe II, un rey medio demente
que deseaba ir al Cielo, volar en vertical entre coros de ángeles, y al
llegarle la hora de partir a su cumbre, vio su muerte gradual, lenta
pero segura, tal vez por lepra o sífilis, en asquerosa llaga que negreaba
de moscas...
En tanto, los dignatarios
que debían asistirlo en aquel pudridero, se paseaban corriendo,
tapándose las narices, o arrojando las tripas en vómitos ruidosos.
En aquel espectáculo,
¡había un rey poderoso, disolviéndose en pus!

(Lo refiere Verlaine
en Poèmes saturniens, con católico acento).

Pero dejemos eso... Fue de la España negra
que vino a Yucatán Diego Landa de obispo,
con toda su ignorancia, con todo su fanatismo,
a convertir los indios paganos en cristianos;
a enseñar a los bárbaros el camino del Cielo;
a quitarles la creencia arraigada del Diablo.
Eso es lo que se sabe por letras de cronistas
y por lo que él contó en cartas obispales
al Patriarca de Indias que residía en España.
Decíale, por ejemplo: —"Lo voy quemando todo,
los libros, los papeles con raras escrituras,
los cuadros, los palacios, los templos,
los altares. No hay nada que resista
a mi santa misión para poder ganar
sus rezos y bendiciones..."

Pero el obispo Landa no le dijo al Patriarca
que habiendo exterminado el poderío del Diablo,
que eso era para él la gran cultura maya,
por ser joven y estar en tierras ardorosas,
se lo había ganado y lo había perdido
una temible Diabla de ojos como euceros,
de piel que olía a canela y de labios de miel.
¡Pícaro, picarísimo, que calló este pecado,
y tuvo su yucateca, imitando a Cortés
con su Doña Marina...!

Se hace la referencia,
porque, precisamente, fue la temible Diabla
la que un día gritóle: —"¡Uinik! (que es hombre
en maya)
¡Qué estás haciendo, estúpido! ¡Pedazo de
energúmeno,
quemando los papeles, los libros y los biombos
en donde está la clave de la cultura autóctona,
que puede darte gloria...!

¿Has visto, bestia bípeda,
que adoramos la cruz como ustedes la adoran;
y eso porque en un día lejano y sin memoria
vino Santo Tomás, discípulo de Cristo,
con su predicación, llamándose Kukulkán
en maya y Quetzalcóatl en lengua de los
toltecas...!"

—"¡Antes lo hubieras dicho!", gritó el obispo
Landa.
—"Es tiempo que lo diga", le contestó la Diabla.

Desde el mismo momento, el sotanudo torpe
se puso a descifrar los pedazos de biombo,
las esquinas de libros, las tiras de papel.
Y llamó a los chamanes (expertos del Tzolkín)
para que le agregaran noticias detalladas.
Pasaron muchos años y vinieron las décadas,
y Landa siempre estaba encima del estudio.

Se fue volviendo viejo, quedó del todo calvo, al grado que
fijándose parecía rey-zope.
Encontró novedades, pero acabó con otras.
Y sea perdonado, porque lloró su crimen.

En lo que había quemado se perdió el ideograma
del dios de los milperos y no pudo encontrarlo.
Para llenar lagunas en sus serios estudios,
aceptó muy creído el vocablo importado
de las islas caribes por los conquistadores.
Pobre el obispo Landa, fue castigado en parte.
Dijo un día silbando por carencia de dientes:
—"Sí maíz han llamado a esta preciosa planta,
el dios que le dio origen es el Dios del Maíz".
Y así escribió en su libro...

Pasó el viento punzante
y le dijo a una ceiba
que estaba allí presente,
"Se equivocó el obispo".
Esta, llena de risa,
contestó al malicioso,
"Desde su nacimiento...".

II

Colón fue descubridor.
Hubo después Colones
descubridores.
Descubrimientos grandes,
medianos,
chicos.

Por ejemplo, tu nombre fabuloso y autóctono,
señor de los maizales.

En el Museo de Copán
hay un busto de piedra
de miles de años.

Le llaman los sabios
y los sabenada
Dios del Maíz.

¿Y el nombre verdadero
en la timbrada lengua
de los mayas antiguos?

Bajo el cielo todo es visible,
nada está escondido,
dicen los magos.

¡Te llamas con hermosura Ixim!
¡Han vuelto tus sílabas!

¡Ya las pronunciamos!

Es el nombre de un sabio
que halló el grano de la vida
en la verde aurora inicial.

¡Ixim!

El nombre de un titán que logró
seleccionar el maíz en su huerta,
hasta que dio con las mazorcas dulces.

¡Ixim!
El nombre de un genio en edad primaria,
elevado a dios por su servicio agrario,
con cantos, danzas, ritos y templos.

Ixim!

En adelante, radicaste a las tribus
en los fértiles valles de Mayalia
para que sembraran milpas comunales.

¡Ixim!

Florecieron las grandes urbes neolíticas,
apareció la adoración solar;
la magia, el calendario.

¡Ixim!

Alabado seas,
Padre de los maizales,
de las trojes repletas,
de la vida en común.

¡Ixim!

Aclamado seas,
raíz de Tikal,
de Copán, de Tula,
de Cuzco, de Tenochtitlán.

¡Ixim!

Yo, tu hijo, he sembrado
y tapixcado milpas,
con alegría solar,
por ser trabajo nuestro.

¡Ixim!
Desventurados aquellos que desconocen
el trabajo milpero e ignoran el origen
de la tortilla de cada día.

¡Ixim!
Hombre que ascendiste a Dios,
igual a Jesucristo en el credo,
cuídanos, danos salud, sabiduría.

¡Ixim!

Dios que fruteciste en maíz,
haciéndonos de tu carne y tu sangre,
complétanos con el triunfo y la gloria.
¡Ixim!

III

Coronel Juan Galindo,
después de tantos años,
muchas gracias.

Estamos endeudados con usted
por el favor prestado

con el "oficio" aquel
desde el valle de Sensenti
al Gobierno Federal en 1834.
Cometió usted errores
en sus apreciaciones,
que se han rectificado
en beneficio histórico.
Pero ha quedado firme
que usted encontró
el nombre
que no halló Diego Landa,
obispo de Yucatán.
Por usted,
hoy el Dios del Maíz,
¡es Ixim!

TIKAL

I

En vuelo he estado allí
en un avión girando
como libélula
que pretende sentarse
en un girasol de oro
y se arrepiente.

El girasol es el Templo Cuarto, de 70 metros de altura
según dijeron los "expertos" de la excursión aérea.
Del bosque se levanta el Templo Cuarto, agudo
y retador, para decir altivo:

—¡Yo soy Tikal!

La selva es plana, inmensa, alta y verde como el jade.
Allí hay chicozapotes milenarios, millones de árboles diversos,
arbustos, bejucos, hierbas, plantas medicinales y venenosas,
silencios, alaridos, estruendos, noches arraigadas,
fantasmas que se hunden en los troncos para salir de nuevo
a producir espanto y luego borrarse en un débil rayo de luz.
Allí hay aves nocturnas, murciélagos, víboras, tigres, chicleros,
unos hombres que hacen vida salvaje por ganar dólares
con el chicle que extraen y venden a buen precio en Flores.
¡Qué vida la de esos valientes en la perenne noche selvática,
por meses, perdiendo los lóbulos que les comen los mosquitos!
A los chicleros, corrientemente, les llaman los sontos en San
Benito.
Cuando regresan de la temporada venden el producto a las casas
extranjeras de la ciudad lacustre y luego arrojan los dólares
con desprecio en whisky, juegos de azar y negras de Belice.
Los que regresan, porque otros quedan muertos en la selva
por las serpientes venenosas, devorados por los jaguares,

matados por los bandoleros que les roban el chicle para venderlo
en Yucatán.

Si el avión-libélula
baja demasiado
y se enreda en los árboles,
es un chiclero más
que perece en la selva, sin remedio.
Porque nadie sabe
dónde cae en el verdor con su carga humana.
¡Qué selva! Trae a la mente el océano vegetal del Brasil,
que así ha de ser con dimensión mayor en millones de veces.
Se piensa en el infierno verde que se tragó a Arturo Cova
en la fantasía novelada de Eustasio Rivera —y que no es novela.
El escritor Salatiel Rosales era un cantor de selvas monstruosas
al verlas en el Wamphú, parecidas con las terribles selvas
amazónicas.
Pienso ahora en mi región, en las selvas nocturnales del Patuca
donde dicen se esconde la llamada Ciudad Blanca, la Urbe del
Mono-Dios.

II

Hace miles de años, la selva del Petén fue sabana sin término,
llena de caminos anchos y rectos como radios que iban a Tikal,
situada entre bosques frutales y primorosos jardines floridos,
abrumada de innúmeros pájaros cantores y de colmenares
que daban a cántaros la miel,
blanca y alta en sus palacios tribales, observatorios y templos,
hirviendo de gentes maiceras, ruidosa en sus muchos talleres,
alegre, estruendosa en la inmensa Plaza del Juego de Pelota,
con un silencio sin par en los centros de estudios astrales
y las grandes salas destinadas a pintar biombos conmemorativos.

Tikal tiene prehistoria simple, aunque abarca colosales ciclos.
Primero, las tribus errantes lograron conquistar el fuego,
que sin duda fue base de la llamada revolución neolítica,
que dio nuevos instrumentos de trabajo y acrecentó los bienes,

y, a partir de allí, el progreso tribal tuvo alas potentes.
En seguida, las alegres tribus hallaron el maíz, grano de la vida,
que dio fundamento a otro impulso magno, a la revolución agraria,
que pudo radicarlas definitivamente en los valles de Mayalia,
y florecieron las milpas con los frijolares y cien cultivos más.
Alcanzada la agricultura, las tribus mayas fueron más solidarias,
y entonces fue surgiendo gradualmente la revolución urbana,
al principio con pequeños centros, después con inmensos,
determinando a la vez el nacimiento de los oficios y las artes.
Finalmente, cuando las tribus subieron a la cumbre urbanística,
se presentó la revolución cultural, es decir, la revolución mágica,
firme punto de partida de la ciencia, del arte, de la filosofía, de la
religión.

(Quien se interese en ver la diferencia de magia y credo religioso,
abra el Evangelio de San Mateo, en el capítulo segundo, y fíjese
en que tres magos del Oriente, guiados por una hermosa estrella,
llegaron a las afueras de Belén para adorar a un niño campesino
que había venido al mundo a fundar una religión universal.
El símbolo está claro: la magia, conociendo su poder y su límite,
llegó a rendir sus banderas, ajadas por las edades milenarias,
a una religión que proclamaba un mundo ultrasensible,
inalcanzable,
y un Dios metafísico, situado fuera del espacio y del tiempo.)

La magia primitiva en todos los países, la magia de los mayas,
hacía una mezcla de materia y espíritu, sin salirse del área
de la Naturaleza, de donde resultaba como la iniciación de algo
que después llegó a ser con firmeza el panteísmo de Giordano
Bruno.
Las cosas, los seres, los fenómenos tenían alma
y esta concepción tipificaba la psicología
hilozoísta de tales hombres.
Así es que quienes hablan de una religión de los
ilustres mayas,
lo hacen sin base porque éstos no concibieron un REINO DE LOS
CIELOS.

En la cadena de urbes con alcances diversos que
va desde las chicas
hasta las colosales, desfilan unos nombres de
encantados sonidos:

Uaxactún…
Balakbal…
Uolantún…
Tikal…

Aurora de la ciencia…
Primera flor del arte…
Atisbo filosófico…
Adoración astral…
Escritura ideográfica…
Aritmética mística…
Calendario solar…
Producción comunal…
Reparto gentilicio…
Consumo igualitario…
Medicina avanzada…
Nutrición del espíritu…
Alegrías rituales…
Fiestas innumerables…
Moral de seres puros…
Corazones sin mancha…
Ideales colectivos…
Acciones generosas…
El Reino de la Tierra…
más de cinco mil años
antes de Jesucristo,
si no fallan los cálculos.
Por eso decía Darío,
poeta maya-tolteca,
"Oh, ¡qué viejo soy,
oh, ¡qué viejo soy! ¡Dios santo!
¿De dónde viene mi canto?

¿Y yo, adónde voy?"
Venía del abismo
mágico de Tikal…
Iba por el sendero
divino de Mayalia
que lleva al Porvenir,
Orfeón de nuevas músicas,
de poesía inmortal.

III

Los modernos arqueólogos no han hallado el
secreto admirable
que distingue a Tikal de las poblaciones que surgieron después
en distintas partes, sujetas a sistemas sociales postreros. Dígase
con arrogancia que ven a la gran urbe y no la ven,
porque aplican criterios de hoy día a su estructura antiquísima.

Primero, no entienden el maya,
lengua animista que en cada vocablo reúne la
cosa concreta
y el símbolo mágico, por haber en todo materia y espíritu.
Fácil es aprender este idioma prehistórico al igual que los
modernos,
pero comprendiendo que queda por fuera de su aprendizaje
lo trascendental, ya perdido en los tiempos profundos.
En Tikal no había diferencia entre el centro urbano y el campo.
Las tribus por esta razón no eran urbanas ni eran campesinas.
Tan luego se hallaban en la Plaza cívica como en los milpales.
En el cuadro de una milla estaban los templos y los observatorios.
Y en el cuadrado de varias humeaban los hogares gentilicios.
Las casas gentiles eran granjas con muchos cultivos hortícolas.
El afán agrario estaba ligado muy estrechamente con el rito
mágico.

En Tikal no había diferencia de trabajo manual y mental.
Ni nadie pensaba que hubiera distancia entre uno y otro.
Sí había comprensión de las vocaciones y las aptitudes.

Y por esa causa racional y justa había división del trabajo.
Así se comprende que hubiera milperos y a la vez ahkines,
constructores, músicos, sastres y cantores, alfareros hábiles
al lado de grandes astrónomos, en franca igualdad.

En Tikal no existían las clases sociales, ni ricos ni pobres.

Por esta razón no existían palacios suntuosos ni chozas
misérrimas.
Ni altivos magnates ni desheredados, ni amos ni esclavos.
Los llamados palacios que aún quedan eran casas públicas
que pertenecían colectivamente a las tribus que habían formado
la federación mayanse, y las que ocupaban en algunas épocas
de elección de nuevos guías comuneros o de fiestas mágicas.

Tikal ignoraba la existencia de los gobernantes y los gobernados.
En vez de gobierno tenía una administración de bienes comunes,
ejercida por todos a través de un consejo de ancianos
y de dos directores capaces y activos cada año.
En vez de ley escrita, seguía el rigor de la costumbre tribal.
La costumbre inflexible perseguía el bienestar de todos
y cada quien se ajustaba a severo autocontrol moral.

Tikal, en fin, no era una Ciudad-Estado, como han afirmado.
En su social desarrollo no había llegado hasta allí.
Simplemente era una urbe grandiosa, más grande que su hija
Copán, más grande que Tula, que Cuzco, que Tenochtitlán.
La civitas siempre supone al Estado; la urbe lo niega.
De allí que Tikal estuviera muy antes de los desarrollos
de Ménfis y Nínive, de Babilonia y Persépolis.

Y ahora, mirad:

en el Templo Uno
los hornos de Kak,
Dios del Fuego, donde
toman los milperos,

llenos de contento,
la ardorosa llama
que llevan al campo
en tiempos de quema.
En el Templo Dos,
las trojes de Ixim,
Dios de los milperos,
donde hallan el grano
de vida y de dicha
que van a sembrar.

En el Templo Tres,
donde se halla U,
la Diosa lunar,
cuyas lunaciones
precisan los días
de siembra y cosecha.

En el Templo Cuatro,
donde está Ah Kinich,
el Sol, el supremo
creador de la vida,
señor de la muerte,
que demanda ofrendas.

Y en el Templo Cinco,
donde está Xur Ek,
Avispa de luz,
que llamamos Venus,
que rige la suerte
total de las tribus.

La Gran Plaza en medio
del conjunto santo,
que se le destina
a los actos públicos,
elecciones, fiestas

y otras novedades.

Después, como veis,
grupos de palacios,
que llegan a cinco,
con lo que se entiende
que eran cinco tribus
las que se agrupaban
en la gran Tikal,
urbe de millares
de seres humanos.
que andaban a pie,
trotando incansables,
brindando sonrisas.

IV

Miles de años antes, sabios ignorados, grandes por sus logros,
habían cimentado la escritura ideográfica, con objeto, idea
y sonido, para conservar los conocimientos, los hechos notables,
que podían leer los ahkines, magos dedicados al rito solar,
y que divulgaban con cantos los kikanines en fiestas propicias.
En milenios postreros, nuevos sabios, también ignorados,
inventaron los números mágicos y nació la aritmética mística,
el sistema vigésimo, en derredor del segundo milenio remoto,
cuando los egipcios lograban el sistema de numeración decimal.
Tikal alcanzaba sus números en plena comuna; en tanto que Egipto
ya había salido de ella y viajaba en vuelo por la esclavitud.
¿Por qué se han guardado estos hechos notables en cofres de olvido?

Tikal, que vivía entre jardines, entre bosques frutales enormes,
por la fuerza creadora tribal, presidía un progreso sin límites.
Las milpas gigantes de leguas cuadradas rendían abundancia,
que daba lugar al impulso siempre acrecentado de otros afanes,
como los oficios que se conocían, más otros que
iban naciendo.

La ciencia aumentaba sus logros y se enriquecía con otros hallazgos.

Itzamná, un sabio ingenioso, industrioso, demostró su genio.
Él era un ahkín, un mago al servicio del Sol, dios supremo.
Por lo tanto, prestaba servicios en el Templo Cuarto,
donde, atento al curso del astro mayor, al día, a la noche,
comprendió factible y de urgencia hacer mediciones exactas
del tiempo para armonizar el cielo con la vida agraria.
Zamaná, como se le llama también ciertas veces en códices,
reunió a un congreso de sabios en el Templo Cuarto
para precisar los giros del sol por días, por meses, por años,
por grupos de años, en las cuentas cortas, períodos breves,
y en las cuentas largas, de millones de años, casi eternidades.
Después de observar las vueltas solares con paciencia insigne,
de largos estudios, cálculos numéricos, de comprobaciones,
los sabios reunidos al fin dieron forma precisa, perfecta,
a la alta invención de un calendario, que se llama Haab
en lengua de mayas y es lo mismo que año, tan maravilloso,
que es más exacto que el calendario de Gregorio XIII,
que usamos hoy día, a la altura de esta civilización.
Como un calendario
parte de hechos altos,
se ignora de cuál
partió el de Zamaná…
porque está en misterio
la Era de Tikal
o sea el Baktún
13.0.0.0.0
4 Ahau 8 Cumhú…
¿Qué fue aquello, el origen
del mundo, del hombre,
del fuego, del maíz, de la magia?
Más no es un misterio,
jóvenes amigos
de las matemáticas,
que de aquella marca
al 31 de diciembre

del cristiano 1968,
estarán cumpliéndose
5,082 años solares
con 235 días, Era de Tikal.
¡Si queréis, celebrad con vino
en bellos cajetes de barro
la remota y gloriosa fecha!

V

La invención del Haab produjo tal júbilo en la
gran Tikal,
que en lo sucesivo llamaron al Sol, padre de lo creado,
con su nombre propio de Kinich Ahau en lengua de mayas,
y también con el nombre del genio inventor Itzamná,
elevado a dios de la luz y del fuego que vierte la magia.

Vosotros maestros, maestras, asomaos al fondo profundo.
No temáis al abismo en que están los secretos totales.
Extraed de la sombra la sabiduría de la América media.
Porque al no cumplir con vuestro deber substancioso,
¡Itzamná colérico puede descargaros un millón de rayos
fulmíneos!

Si soñáis que Tikal fue mujer, ella alimentó con sus chorros
lácteos a la niña Copán.
La leche de ella venía del maíz, fruto de Mayalia, dicha de esta
tierra gloriosa.
Y la joven Copán, al llegar a madre, vertió de sus pechos la leche
de que somos hoy.
¡Aleluya! ¡Aleluya! ¡Aleluya! ¡Aleluya!

COPAN

I

—¿Deseas conocer las pirámides de Egipto?

—¡Y los templos de Luxor y de Karnak!

—¿Y el Palacio de Darío en Persépolis?

—¿Y en Camboya las ruinas de Angkor Vat?

—¡Cómo atrae lo lejano a los turistas!

—¡Tomar fotografías es una distracción!

—Desde luego conoces lo cercano
como el idioma en que hablas.

—¡Lo cercano, qué hastío; no me hables de mi mujer!

—Tu mujer te sirve más que Angkor Vat; lo mismo el conocimiento de Copán.

—¡Uf! Millones de toneladas de piedras amontonadas por unos indios brutos.

—Te estimo por tu probada inteligencia.
¿Conoces el significado de la ironía?

—Una comprensión sonriente que perdona. ¿A qué viene tu vuelta de 180 grados?

—Para decir que lo cercano de ti es lo lejano de otros.

—¿Y que esos otros desean ver Copán?

—Ya tu mujer.

—Empiezo a perdonarla.

—Y a Copán.

—¡Hombre siniestro!

—¡La fama de Copán es mundial!

II

En París,
lo primero que ves
en el Museo del Hombre
es una Estela de Copán.
¿Cómo fue a dar allá?

27

¿Volando? ¿Con sus pies?

En la hermosa
puerta de entrada
está con su nostalgia.

Tal vez se alegre
cuando va a visitarla
Miguel Ángel Asturias,
con quien habla en maya,
pues no ha podido
aprender el francés,
ni lo desea.

Yo al verla,
abrí los brazos
pero frené el impulso
y le grité con júbilo:

¡Ixchot, qué haces aquí?
¡Ixik, siempre bonita!
¡Ek de mi vida,
qué gusto me da verte!
¡Al che de mis amores,
te llevaré a tu tierra!

¿Entiendes lo que le dije?
¡Muchacha!
¡Mujer!
¡Estrella!
¡Muñeca de los niños!
Sonrió la pobrecita
y la ví dar un paso.

Un policía que observaba,
preguntó sorprendido:
Son paisanos?

Familiares?
Amantes?

Le contesté:
Somos del mismo pueblo.
Te das cuenta,
encontrarse uno
con una compatriota en París?
Cualquiera se desmaya.

En Praga,
la Asociación de Escritores
me pidió una conferencia
sobre Copán.
No quise darla
por mi prisa al Oriente.

El director,entonces,
hombre de alegre sangre,
soltó estas palabras.

Siquiera díganos:
La antiquísima urbe,
Está en buena salud?
No le ha dado la gripe?
Se libra de la malaria
y de otras enfermedades
endémicas del Trópico?

-Bueno-le contesté
con alguna prudencia-
padece los deterioros
del tiempo,nada más.
Vuelan algunas piezas
de su cuerpo, que atribuyo
a ciertas fuerzas mágicas.
Y le rindo las gracias

por su atención.

Parecía que hablaba
de un miembro de la familia.

En Moscú (deja el miedo)
en la Universidad Lomonosov,
varios estudiantes me cortaron
el paso para hacerme preguntas.

Les dije:-En la Antigua Copán
el Sol era el supremo dios
creador de materia, vida,
espíritu.

Lo acompañaba Venus en el misterio de conducir el destino del
hombre.

La Tierra era redonda
y estaba sujeta en todo
al mandato del Sol.

La exactitud matemática
hace suponer que los mayas
habían sospechado el secreto
astronómico que Copérnico
descubrió siglos después.

(Bajo el ala del sombrero
los quedé observando
con sonrisa copánida.

Estaban sorprendidos.
Tomaban notas en sus cuadernos.
Aproveché el momento
para condenar a los sabios
que olvidan a la Antigua Copán

para escribir primores
de los asirios, los babilonios
y los egipcios).

Les agregué: El Tzolkín
(cuenta ordenada de los días)
revela el genio de los mayas.
Es un calendario solar,
venusino, lunar,
con sabia combinación.
Anota los días del año,
los pronósticos humanos,
los ritmos mensuales.

Como el mundo para los mayas
era divino, también el tiempo
lo era, naturalmente.

Para contar el tiempo
tenían un punto de partida:
el Baktún 7.0.0.0.0.

Esto requiere explicaciones
largas —dije— que demandan
conferencia, libro, cátedra.

Pero partiendo del Baktún 7
al año recién pasado de 1961,
han transcurrido 2,314 años.

—¿Qué —preguntó una muchacha
soviética— determinó la Era
del Baktún 7?

Me sentí ancho al ser interrogado
por aquel confite, y le dije
jactancioso:

Mis maestros los ahkines
aseguran que el paso de Aldebarán
por el cénit de Copán.

Hice una reverencia.
Me aplaudieron.
Y me fui.

En Omsk,
capital de Siberia Occidental,
di unas fotografías de Copán
a un angelito del Polo Norte.
Al recibirlas,
chilló como todas las chicas
y me llenó de besos la cara.

Fueron unos besos sin condimento,
pero me cayeron bien
a 40 grados bajo cero.

Ya en el Lejano Oriente,
en Irkutsk,
capital de Siberia Oriental,
conocí la belleza y la voz de Natacha,
que nació en las márgenes del Lena,
muy arriba, cerca del Ártico.

Era como una flor, instruida,
estudiante de lenguas, vivas y muertas.
Sabía de Copán como un especialista.
Me invitó a hablar en maya antiguo.
No pude desenvolverme.

Ella fue quien me dijo
que Miatzil es igual a sabiduría;
Maxulben, lo infinito;

Ixmachnu, sin principio, lo eterno;
Hunab Ku, lo absoluto, sin orillas.

Me explicó que el concepto
de dios entre los mayas
significaba substancia divina;
no solamente espíritu,
como se piensa hoy.

Y concluyó explicándome
que Copán había llegado
a las más encumbradas
categorías filosóficas
por la vía animista.

Fue tan grande la influencia
de aquella siberiana
en mi alma tropical,
que dije en mis adentros:
O me quedo con ella
o la llevo a mi casa…

Ni lo uno ni lo otro.
Y heme aquí como Pablo Neruda
diciendo tristemente:
"Ella no está conmigo
y yo no estoy con ella".

En Ulan Bator (¡manes de Gengis Khan!),
capital de Mongolia Exterior,
un joven de modales artísticos,
que así son los jóvenes de aquel país,
me dijo con suficiencia:

—¿Cuándo fue? Lo ignoro.
Pero nosotros llegamos allá
y fundamos la urbe de Copán.

Ustedes llevan nuestra sangre.
Recuerde la mancha mongólica
de los recién nacidos;
el pliegue epicántico del ojo
de las nativas; las rayas
de la mano y… el ensueño.

Lo dijo con sonrisas,
lanzando delicadamente
el humo de su aromado cigarrillo.

En Pekín (¡no tiembles!),
después de ver la Ciudad Imperial
y la Ópera (lo más alto
para los pekineses),
me llevaron y me trajeron
no por ser de Honduras
(cuyo nombre ignoran)
sino de Copán.

¡Hurra —dijeron— al hijo de Wai Sum!
Yo pensé, sin ningún heroísmo:
De repente estos aluden
al legendario Valum Votán
que leemos en la Historia de Don Félix.(1)

En la Plaza de la Puerta Celestial
(Tien an Men), me señalaban (2)
y decían en el más puro Han:(3)
Alabado él que pudo llegar
de la maravillosa Copán.
Dichoso él que es de allá.

¿Comprendes? Yo era un ser
de un país donde se sienta el sol
entre arreboles verdes.
Yo era un Manab que podía arrojar(4)

brillantes esmeraldas a montones
para crear montañas.

Yo era, en fin de cuentas, un Uaytan(5)
que dominaba a la Naturaleza
y a los hombres.

La muchedumbre quería conocer
algunas referencias detalladas
de la magia copánida.

Para darlas me valí de leyendas
inmemoriales que están en ideogramas
en las piedras y los códices.

¡Oh! —dije, dándome importancia—;
hablaré nada más de algunos hechos
de mis antepasados.

La magia en la parte de la medicina,
usando voz de mando en las conjuraciones,
alivia a los enfermos.

Basta que llegue el médico
con su poder solar
para que huyan veloces las contaminaciones.

Aquella magia —clavé los ojos
en la muchedumbre sosegada—
sobrepasa la imaginación.

El mago puede matar a un perro,(6)
hacerlo mil pedazos
y volverlo a la vida.

Con palabras oscuras
puede incendiar ese palacio

y luego reconstruirlo.

Puede exterminarlos a todos ustedes;
después los resucita
en caso de quererlo.

Se alzó una voz:
—Así lo hacen en Bangalore,
la India.
Se alzó otra voz:
—Así lo hacían
en la antigua Angkor Vat.

III

—¡Qué fantasía de hombre!
—No lo niego, es pura fantasía.
—Así sale que la Antigua Copán es lo lejano.
—Y tu mujer, que te sirve,
es lo lejano.
—Copán es Angkor Vat.
—Y tu esposa, Roxana.
Me has enseñado a querer
lo que antes no quería.

—Te he enseñado a querer
lo que siempre querías.
—Amada sea Copán, por lejana
y cercana.
—Es una jarra de alegría
en nuestras manos.
1968, Era Cristiana
2,321, Era de Copán.

EXPLICACIONES

Copán, maya, Coplahi, enroscarse. Cop, copah, doblegarse. Ran, bandera, estandarte.

(Diccionario maya de D. Juan Pío Pérez, 1835).

Copán, maya. Enroscado, enrollado.

También: Copán, tolteca. Quaupatli, copante, puente de madera.

(Diccionario de guatemaltequismos del señor Jorge Luis Arriola).

Es claro que las tribus mayas se enrollaron o enroscaron en el lugar donde están las ilustres ruinas.

(1) Referencia a D. Félix Salgado, autor de una Historia de Honduras.

(2) Tien a Men, chino. Plaza de la Puerta Celestial.

(3) Han, nombre del idioma chino más puro, como decir castellano entre españoles.

(4) Manab, maya. Duende.

(5) Uaytan, maya. Brujo.

(6) Calco de la Tradición 13, No. 30 del Popol Vuh.

QUETZALCOATL

A usted, con mucho respeto y aprecio sincero, lo bajo del mito,
del Lucero de la mañana, del aire.
Lo sitúo en la tierra, en medio del pueblo curioso.
Le quito el casquete del bronce que forma un quetzal.
El largo collar, los brazales, los anillos de oro.
La serpiente de plata que le ciñe la gruesa cintura.
Lo dejo sólo con el traje talar de algodón
blanquísimo
para que se vea al sabio eminente, al jefe tolteca.
Así es,
un auténtico hombre,
que habla con un hombre.

Quetzalcóatl, usted no es leyenda, acaso
prehistoria
en esta región de autoctonía ignorada por siglos.
Es persona viva, mortal, de hechos inmortales, es todo.
Respira, palpita, come, bebe, piensa, tiene sentimientos,
habla como todos, trabaja, dirige, conduce,
descansa,
se acuesta con hembras, pues tiene mujeres y abundantes hijos
que aumentan la gens,
muy al natural,
según la costumbre.

Sobresale en el grupo por su producción en
tiempo de paz.
Caza, pesca, siembra, cosecha, ya va, ya vuelve afanoso.
Se distingue por su alegría, su entusiasmo, su amor a la vida.
También sobresale por su audacia heroica en tiempo de guerra.
Va en primera fila, captura enemigos, y los trae vencidos.
De vuelta a la tribu, en la plaza pública, presenta

la escena
de hundirles la espada filosa en el ancho tórax;
y luego,
con bárbara fuerza, extrae el corazón sangriento goteando,
que eleva a los cielos, como ofrenda al Sol.
Así empieza el rito
de los sacrificios
humanos.

Los toltecas lo aplauden, lo aclaman, lo admiran, le temen.
En las elecciones tribales lo eligen, por ser el mejor.
Y es usted el jefe, el guía civil, si hay paz con las tribus
vecinas de valles y montes, siempre belicosas y arteras.
O es el conductor, el jefe guerrero, si amenaza guerra,
y los invasores
ya saben de sobra
quién es Quetzalcóatl.

II

En la paz bendita, lo ve la comuna trabajar al lado de todos,
   hombres y mujeres, tenaz, diligente, con iniciativa, con ideas
nuevas, con acción
   creadora.
Nadie había pensado en la minería y usted piensa en ella.
Pronuncia discursos, convence a las tribus, y van a los cerros
con métodos pobres a extraer los metales,
y empieza el afán
metalífero.
Usted en persona es minero, maestro de taller, fundidor,
que combina metales distintos, en la busca ansiosa
de una aleación resistente, propia para nuevos
instrumentos de trabajo que hagan salir
de viejas rutinas neolíticas.

Sus largos esfuerzos son al fin premiados con creces.
Su combinación de cobre y estaño da un nuevo producto.

Con leña de roble trabajan sus hornos de piedra.
Licúa los metales que van a los moldes de barro. Y entonces:
¡Prodigio!
ha encontrado el bronce.

El bronce es más duro que el cobre y el estaño
separados,
y da un timbre grato, musical, extraño.
Tanteando primero, siempre mejorando y por fin triunfando,
salen poco a poco las hachas, los cuchillos, las puntas
de sembrar los granos, y a la vez empiezan a salir las lanzas,
las flechas, los fuertes escudos, los brillantes yelmos.

¡Vivan los toltecas!

Usted, Quetzalcóatl, es hombre de genio.
Es el iniciador de la Edad del Bronce en la
América Media.
Gracias a su genio, corriendo los siglos, debía llegar
otro personaje con la anunciación de la Edad del Hierro.
Pero no llegó porque fue truncado el ascenso libre, creador,
entusiasta, diría arrollador de Autoctonia.
Aquel día en que fueron mostrados en público
los instrumentos de trabajo metálicos,
las armas de bronce,
en Tula,
la urbe inicial,
hubo fiesta solar,
con cantos,
con danzas
y con sacrificios.

Ante usted, Quetzalcóatl, desfilan las tribus
toltecas,
que ven en los hechos el avance cierto con su dirección.
Y en premio lo elevan a cumbres nunca contempladas,
a jefe supremo de la confederación de tribus de Tula,

urbe que se halla enterrada en área mexicana, al sur,
no muy lejos del Trópico de Cáncer.

Más tarde, vistos los metales en los instrumentos
de trabajo diario y en las fuertes armas
de ataque y defensa,
en la misma Tula,
mineros, maestros,
van con su experiencia hasta los metales preciosos,
y surgen los joyeros de admirables joyas.
Plateros que sueñan en sus maravillas,
orfebres que rompen los "records"
de la fantasía.
Se suma el refrán:
"Decir tolteca
es decir artista."

Quetzalcóatl es nombre que junta dos términos
propios del capricho de aquellas edades.
Quetzal, ya sabemos que es un ave hermosa,
símbolo precioso de la libertad.
Cóatl es serpiente temible con cuyo veneno
produce instantánea la muerte.

Si fuéramos teósofos como Helena Petrovna Blavatsky,
o profesionales del charlatanismo letrado,
quizás ya diríamos qué misterio encierra el nombre
del héroe tolteca.
Pero no,
simplemente decimos Quetzalcóatl,
y nos viene la idea de la plata labrada,
de la cadena de oro que termina en fina esmeralda,
del hacha y la flecha con punta de bronce,
de la hirviente aglomeración de tribus metalíferas.

IV

No se sabe qué pasó después, ni usted nos lo dice.
De la activa Tula quedan breves notas en los viejos libros.
Recuerdos, suspiros, lamentos, ansias de retorno,
"¡Ah, Tula!" —dice un estribillo— "¡Quisiera ir allá!"
Todo el Popol Vuh es un canto oscuro y hondo por Tollán.

Lógico es creer que los sabios toltecas fueron derrotados.
Oleadas de tribus feroces, unas en pos de otras,
aullando a manera de hambrientos coyotes,
llegaron a Tula y la exterminaron.

Esto sucedió en el año 1000 de la Era cristiana,
492 años antes del descubrimiento de América,
968 antes del momento actual.

Entonces, usted Quetzalcóatl, derrotado pero no vencido,
condujo a sus gentes, siempre en retirada, hacia el sur.
Las tribus que habían llegado del Septentrión lo seguían
de cerca, aullando de día y de noche, por ríos, por selvas.
Pero usted, gran jefe, manteniendo el orden en sus filas,
se alejaba de la perdida Tula hacia lo ignorado.
Un día, por fin,
llegó al Mayab,
país de los mayas.
Era tierra poblada por tribus ilustres que
odiaban la guerra.
Tierra de Tikal, la gran urbe, y de Copán, la sabia, ya muertas.
País de la magia solar, del Haab y el Tzolkín, de la astrología.
Región de los sabios ahkines, llenos de esplendor en los altos
ritos.

Llegó usted, Quetzalcóatl, cansado, derrengado, sin aliento.
Pero en el dulce país de los mayas fue recibido con fiestas.
Los toltecas se entendieron por señas con los suaves mayas.
Se sonrieron con simpatía y sellaron una alianza perpetua.

Los abstractos mayas enseñaron la ciencia solar a los toltecas.

Los prácticos toltecas adiestraron en los metales a los mayas.
Pero más vitales, los hijos de Tula fueron la expresión dominante
en los Istmos desde el año Mil hasta el siglo quince.

V

Con el tiempo se fundieron los toltecas y los mayas
en una sola raza, como el cobre y el estaño en el bronce.

La lengua de Tula y la de Copán se enlazaron,
hasta llegar a formar un nuevo producto lingüístico.
La lengua quiché, por ejemplo, la del sibilino
Libro del Consejo, abraza la belleza
y la vibración de las tribus aliadas.

Unidas las fuerzas y las experiencias surgieron
las urbes de Chichén Itzá, Uxmal, Utatlán,
tal vez Tenampúa y otras escondidas.

Al ser los toltecas buenos comerciantes,
fueron sus achines al norte y al sur;
así regresaron al Anáhuac, vieron el Perú.

Y al ser navegantes de audacia marina,
también visitaron las islas caribes,
cambiando en el trueque sus cosas.

Los mayas neolíticos quedaron atrás en el tiempo.
Los toltecas fueron un paso adelante
en el desarrollo.

Con ellos, la comunidad primitiva empezó a sufrir desintegración.
Empezaron los primeros brotes de la propiedad privada,
muy lejanamente.

Fueron reduciéndose los sacrificios humanos
para utilizar los vencidos

como esclavos, muy lejanamente.

La familia gentilicia cedió el campo
a las primeras relaciones
monogámicas, muy lejanamente.

Ya hubo eso que llaman amor, y celos,
y pleitos y muertes
por la hembra, muy lejanamente.

El patriarca era dueño de bienes, mujeres
y esclavos, muy lejanamente.

También el patriarca era jefe de grupos
borrosos de tribus, muy lejanamente.

A la vez se había adueñado del rito
y el secreto mágico, muy lejanamente.

Y lo que se dice, como que se afirma y se niega,
inicial, informe, diluido,
como barro negro.

Entre tanto, habían pasado los siglos
como nubes que fingen vuelo de altos cóndores.

Hacía siglos, gran jefe del bronce, usted había muerto.

Decían de usted que había partido al Oriente,
pero volvería.

Decían que se había marchado a la ignorada Tlapallan,
palabra del náhuatl que quiere decir:
LUGAR DONDE NACE LA AURORA.

Y ese lugar, para los magos de Tenochtitlán,
era la Antigua Copán o Huehuetlapallan:

EL VIEJO PAÍS QUE NOS MANDA EL ALBA.

Nuevos jefes habían tomado la dirección de las tribus.

Usted, Quetzalcóatl, se había convertido en leyenda
que contaban ancianos a niños.
Ya era dios benévolo que vivía
en la luz argentina del Lucero de la Mañana.

Ya se le citaba con nombres distintos
en el Popol Vuh,
Libro del Consejo.

VI

Gran jefe: se dice que antes de partir a la sombra creadora
dejó usted la llamada Profecía de Quetzalcóatl,
en la que afirmaba que hombres de cabellos rubios
vendrían del mar a adueñarse
de las tierras comunes,
las milpas, las trojes.
Vendrían a adueñarse de las minas,
los metales labrados,
las joyas.

Vendrían a adueñarse de los hombres
para reducirlos al trabajo
esclavo.
Vendrían a adueñarse de las mujeres
para fornicarlas y hacerlas
parir raza nueva.
Vendrían a destruir las urbes
y sobre sus restos construir
sus ciudades.
Vendrían, en fin, a acabar
con la magia solar y a imponer
una religión de ultramundo.

Gran jefe: la Profecía de Quetzalcóatl se ha cumplido
al pie del jeroglífico, porque van cinco siglos
que la tierra es ajena;
la milpa ajena;
la troje ajena;
la mina ajena;
el metal ajeno;
la joya ajena;
el hombre sigue siendo instrumento parlante;
la mujer, embrutecida, es máquina de placer;
los poetastros la cantan sólo en este aspecto;
y ella misma acepta, harto envilecida, este insulto.
Se olvidó dónde estaban las bellas urbes;
nadie sabe qué es magia solar.
Cargando las tripas del hombre rubio,
va el mestizo en cuatro patas
como asno ensillado,
enfrenado, espoleado,
entre nubes de moscas,
trotando, rozando,
respirando polvo.

Gran jefe: no obstante, en la Profecía de
Quetzalcóatl
hay reverso, porque el sol aparece, se eleva,
se oculta, regresa y todo da vueltas.
Ahora es media noche, indudablemente.
Pero los sabios toltecas dejaron
escrito en su lengua ancestral:

MI IX YOPIJ U ZAKIRIC…!

Esto es:

¡YA SE ACERCA EL AMANECER…!

LEMPIRA

I

Alto Ahpop Lempira: le doy buenos días en esta mañana de amarillo y verde.

He venido rápido desde mi comarca
por incontrolable deseo de verlo.

Como entiendo idiomas de árboles y pájaros, los oigo, que siempre hablan de su gloria.

La ceiba lo elogia y lo considera
el hombre más grande de esta áspera tierra.

Los ocotes cantan a coro sus hechos
con cantos solemnes de vientos y ramas.

Las guaras, en grupos, volando sin rumbo, conversan a gritos de su gran figura.

Los guacos, en lo alto de los guanacastes, le piden que vuelva a la acción guerrera.

¡Qué fama la suya en los vegetales
y en los animales de uñas y de alas!

Su nombre es querido por el pueblo humilde
que espera a un varón de sus cualidades.

Es que el pueblo humilde es su vieja tropa
pendiente de oír la voz de su jefe.

Sólo algunos pobres mestizos, menguados
por sangre y negocio, tienen otros juicios.

Sólo algunos, digo, porque los mestizos
en su mayoría lo quieren a usted.

Lo quieren, y mucho, porque tienen sesos
para comprender su altura en la historia.

No niego los blancos, hijos de los criollos,
nietos a su vez de conquistadores.

Menos unos pocos, como es natural,
en número grande respetan su nombre.

Respetan su nombre porque han comprendido
que, al desenvolverse la serpiente histórica,
y haber adquirido a través del tiempo
un hogar con predio que está amenazado
por las nuevas hordas, entonces se agrupan
y en defensa piden jefes de su porte.
¡Vea usted qué cosas! Ahora son ellos
los que están deseando la acción de un Lempira.

II

Ahpop, yo creía que era usted el hombre
que a menudo pintan los malos pintores.
Por culpa de éstos me lo imaginaba
de aspecto vulgar, falto de atractivos.

Con casco de plumas, con bragas de cuero,
con arco y con flecha y un carcaj, no más.
El estudio es antes y después el arte.
¡Qué poca pericia la de esos pintores!
Ahora que lo veo, traigo a la memoria
que usted es producto de una gran cultura.
Que detrás de usted está Quetzalcóatl,
el guía tolteca de la Edad de Bronce.
Están los orfebres y los tejedores
y los sartoristas de trajes rituales.
Y están las insignias de los grandes jefes,
citadas y expresas en el Popol Vuh.

Nacxitl, el supremo guía de las tribus,
dio antaño a los jefes estas dignidades:
el dosel, el trono, palios, estandartes
de plumas de garza, cuentas amarillas.
Trajes distintivos, plumas de papagayo,
conchas de caracol, huacales, tabaco.
Y les dio además las flautas de hueso:
"cham-cham", y en seguida "tatam" y "caxcón".
Y como amuletos, garras de león,

garras de jaguar, patas de venado.
Ríe usted, gran jefe, porque hago mención
de las dignidades que entregó Nacxitl.
Algunas de ellas las veo en usted
en este momento, y me alegro al verlas.
Su rostro sereno, color de caoba,
se parece mucho al Dios del Maíz.
Y está usted vestido con un albo manto
en que se dibujan águilas y tigres.
En la mano diestra se le ve un anillo
de piedra de jade con sentido místico.
Y noto, además, que usted es muy serio
y que se halla lejos de las vanidades.

III

En el Popol Vuh se citan los títulos de los altos jefes de las grandes
tribus.
El más encumbrado es el del "Ahpop",
que no es rey ni príncipe, es guía tribal.
En tiempo de paz, él vela el trabajo
y la producción y el reparto justo.
Después del Ahpop, está el "Ahpop-camhá",
que es un ayudante y también suplente.
Es ley de las tribus que sea esto así;
baste recordar a Rómulo y Remo, jefes paralelos que fundaron
Roma.
Pero es natural, que sea el Ahpop el más importante
en paz como en guerra.
Después están otros, como el "Ah-Tohil" y el "Ah-Gucumatz",
que son adivinos.
Es error decir que son sacerdotes,
como lo interpretan los sabios actuales.
Ambos manejaban los dos calendarios
del Tzolkín y el Haab, que eran uno solo.
Estaban pendientes de los movimientos
de los altos astros para los pronósticos.
Y después seguían el "Nim-Chocoh-Cavec",

el "Popol-Vinac-Chituy", el "Lolmet-Quehnay".
No eran ministros, como se ha supuesto,
eran personajes ligados al rito.
Tenían acción en todas las fiestas
diarias y mensuales, anuales, katunales.
Lo mismo se dice de otros personajes,
con su compañero, el "Uchuch-Camhá".
Estos personajes dirigían el juego
de pelota sacra, simbolismo astral.
Todos, siendo iguales, formaban unidos
lo que se llamaba consejo de tribu.
Todo se acordaba, y no había nada
que fuera producto de acción personal.
Dice el Popol Vuh que el viejo Nacxitl,
con su gran poder, creó las dignidades.
Falta interpretar que Nacxitl lo que hizo
fue ratificar nombramientos hechos,
porque por costumbre las tribus reunidas
elegían jefes con votos unánimes.
Y los destituían al no responder ya
por su torpeza o su negligencia.
Cuando usted vivió, gran jefe Lempira,
el poder del pueblo era el poder único
y actuaba por medio de altos mandatarios.
Así se comprende su ilustre destino
y su relación con sus electores.
Usted era Ahpop, alto dignatario,
electo por tribus libres en Tzerkin.

¿Por qué lo eligieron, al lado de otros
que se desconocen y hacían el consejo?
Porque usted era hombre digno de confianza
de todas las tribus mayas y toltecas.

Esta es la cuestión, que debe saberse:
cómo funcionaba aquella democracia.
En primer lugar, a usted lo eligieron

por su inteligencia ágil y brillante.
Después, por ser sabio, ya que conocía
la ciencia copánida, el arte tolteca.
Es de suponer, con criterio firme,
que sabía el cálculo, grababa ideogramas.
Si era un Ahpop, la sola palabra
lo está vinculando con el rito mágico.
Y es claro que usted era un matemático,
un posible astrónomo, tal vez un ahkín.

En tercer lugar, a la inteligencia
y al saber extenso, añadía valor.
Era usted valiente. Serlo significa,
en casos extremos, estimar la muerte.
Amarla, buscarla, requerir sus besos,
hasta que se rinda y abrazarla al fin.
La vida y su gloria, para el que es valiente,
quedan en el olvido, ya no cuentan más,
en luchas de honor y en casos de guerra.

IV

Con tales virtudes, usted, sobre todo,
era un estratega de altura genial.
Dirigió una guerra con tanta pericia,
que su ejemplo queda para nuevos jefes.
La estrategia es teórica y a la vez es práctica,
y usted la entendió al saber emplearla.
Se dio cuenta exacta del conflicto armado.
De la fuerza propia y la fuerza ajena.
Fino observador, vio la diferencia
de las sociedades que entraban en lucha.
Que una era inferior y otra superior.
La propia, atrasada; la otra, adelantada.
Pero que la suya defendía lo propio,
en tanto que la otra llegaba a usurpar.
Que las armas suyas eran primitivas,
la mejor, la flecha con punta de bronce,

y las adversarias eran tan temibles
que arrojaban rayos con enormes truenos.
En cuanto a las tropas, las suyas llegaban
al sagrado número de los veinte mil,
por aquel rigor que en todas las cosas
de maya-toltecas andaba la mística.
En cambio, el ibero tenía menos gente,
pero disponía de otras ventajas:
de corazas férreas, de armas de relámpago
y de monstruos rápidos llamados corceles.

¿Qué hacer en el caso? Plantear el conflicto
en una implacable guerra de montaña.
Y ahora veamos operar al táctico.
Era abastecido en forma continua
por las partes altas de la Cordillera.
Y en el lado opuesto, con vistas al valle,
la cumbre ofrecía difícil acceso.
Del valle a la cumbre no podían subir
ni la infantería ni los caballeros.
Alzando los ojos, sólo divisaban
montaña y neblina, picos entre nubes.
Había razón para que en su traje
tuviera dibujos de águilas y tigres.
Usted era el ave de los grandes vuelos,
sus fornidos hombres, feroces jaguares.
Era diversión mover con palancas
peñas que rodaban con estruendo hórrisono.
En cambio, de abajo arriba, la metralla
resultaba inútil, produciendo risa.
Y véase cómo el claro talento
de un maya-tolteca había superado
la acción militar de los invasores.
Pedro de Alvarado, el feroz bandido,
pasó por el valle como los venados.
Aquel criminal que había mostrado
sus monstruosidades en Tenochtitlán,

y después había hecho cosa igual
en zonas chapinas y áreas cuscatlecas,
no quiso enfrentarse con el gran guerrero
que estaba esperándolo en el Congolón.
Francisco Montejo, otro delincuente,
pensó en someter al varón autóctono.
Desde Comayagua mandó al capitán
Alonso de Cáceres, traidor por origen.
Este pobre diablo estuvo acampado
al pie del peñón numerosos meses.
En varios intentos de subir la cumbre,
regresó vencido, con menos soldados.
Pasaban veranos, venían inviernos,
y la resistencia se volvía mayor.
Por fin, lo que nunca pensó usted, Lempira,
sucedió en los meses que llegaron luego.
Cáceres estaba casi derrotado,
y la información de la resistencia
había volado en alas del viento
a animar las tribus de todo el país.
Las sublevaciones se iban extendiendo
a los cuatro puntos de los cuatro Chac.
Los maya-toltecas, comprensivos, vieron
la importancia de una guerra de montaña.
Y todos creyeron que lo conveniente
para exterminar a los invasores,
dueños de los valles, era enmontañarse.
Volvió a encandilarse el fuego que estaba
ya bajo cenizas en zonas vencidas.
Los pueblos quedaron sin gentes nativas,
los conquistadores temblaban de miedo
al oír sonar tambores de guerra.

Pero sucedió, desgraciadamente,
que la insurrección que se iba extendiendo
a los cuatro puntos de los cuatro Chac,
recibió noticias de Coyocutena,

que usted había muerto por medios traidores.
¿Cómo fue aquel hecho? El perverso Cáceres,
después de pensarlo solo y en consejo,
halló la manera de matarlo a usted.
El procedimiento fue simple: el ibero
situó a un tirador de probado pulso,
muy bien escondido, próximo a su campo.
Este tirador esperó el momento
de tenerlo cerca y le disparó.
Rodó usted sin vida por el escarpado
y áspero abismo lleno de neblinas.
Cayó para siempre el águila-Lempira
y hubo desconcierto en sus hombres-tigres.
El Ahpop-camhá no ocupó el lugar
que había quedado vacío en el mando.
Y los dignatarios del consejo, atónitos,
huyeron del frente de la santa guerra.

V

¡Así fue su muerte! No como la cuentan
los viejos cronistas, siempre fanfarrones.
La estratagema hizo lo que no logró
el enfrentamiento de las fuerzas tácticas.
Natural, que el hecho de su muerte puso
fin a aquella guerra justa y racional.
Su muerte, Lempira, fue un terremoto,
fue una erupción, como un huracán,
como un cataclismo que dio vuelta a todo.
Después de su muerte, vinieron tres siglos
de esclavización y de coloniaje.
Al cabo del tiempo, por evolución,
llegaron pequeñas semilibertades.
Y un subibaja de salir de unos
para caer en otros colonizadores
y esclavizadores.

Como que los sabios de Copán primero
y Utatlán después habían observado
una conjunción muy particular
de astros mayores,
que produciría un eclipse único,
no precisamente en los altos cielos
sino aquí en la tierra,
que rebajaría a los maya-toltecas
por muchos katunes, por largos baktunes;
pero al cabo de ellos pasaría el eclipse,
volviendo la luz con el bienestar,
por ley de los dioses, que quien goza antes,
padece después; y aquel que sufrió,
¡Hunab Ku permita, Ah Kinich lo quiera,
que ya esté pasando el funesto eclipse!

Porque Ahpop Lempira, la verdad sea dicha:
desde que murió usted sólo el sol,
que es maya-tolteca, da luz y calor
a propios y extraños, a ricos y pobres,
a buenos y malos, porque así es su ley.
Desde que murió usted, sólo el aire
llena los pulmones de unos y otros.
Desde que murió usted, sólo el agua
sigue refrescando a éstos y aquéllos.

En fin, no se canse de oír este treno,
si es que lo escucha entre sus neblinas.
Desde que murió usted, sólo Venus,
madre del Tzolkín y del Fuego Nuevo,
nos da la esperanza que un día volveremos
a ser como usted: libres y vivaces,
sabios y valientes, en paz como en guerra,
cumpliéndose aquellas palabras que dijo:
"En esta contienda, triunfará el más fuerte."

En memoria suya, solemnes juramos
que en el Congolón está nuestro númen.
No está en otra parte ni podría estarlo,
si allí fue vertida su gloriosa sangre.
Juramos, Ahpop Lempira, que firmes
lucharemos siempre por su ideal enorme,
que no ha terminado en su acción brillante,
si la libertad no ha sido alcanzada.
¡Por sobre los siglos y conflictos diarios,
nosotros seremos la fuerza triunfante!

HEROES

MORAZÁN

I

¡Toque el clarín silencio!
¡Acallen los tambores!
Porque en esta ocasión
la Verdad va a cantar
la vida de Morazán,
su ideal, su resplandor,
su martirio, su gloria,
que ilumina la senda
de los pueblos del Istmo
que viajan a la victoria
concluyente, total
¡sobre sus opresores!
¡Ya empieza, sin metáforas!
¡Con voz amarga y áspera!

Al hablar de los héroes mayores de nuestra
América,
con entera franqueza, siempre hay que hablar
en grande,
citando geografías de extensiones enormes;
mencionando sucesos de proyección inmensa,
y recordando nombres de estelar brillantez.
Digamos, la independencia es un hecho
que atañe a todo el Continente,
siendo una e indivisible.
En nuestra zona sur —mar, selva, cumbre y nieve—
un indio la empezó: fue Gabriel Condorcanqui,
quien tomó el nombre ígneo después de Tupac Amaru,
contra el imperio hispánico del rey Carlos III,
a un tiempo con los combates feroces que libraban
los norteamericanos contra la Gran Bretaña

que los tenía oprimidos en régimen colonial;
y varios años antes de la Revolución
Francesa, que destronó y arrancó la cabeza
al monarca borbónico, al rey Luis XVI,
y luego proclamó los Derechos del Hombre,
que dieron vuelta al mundo junto a la Marsellesa,
el héroe y el clarín y la guerra del pueblo.

Con el grito insurrecto del indio esclarecido
se estremeció la América, de la Argentina a México.
Pero si en la estrategia la libertad triunfaba
en áreas universales, en la táctica a veces,
en zonas determinadas, solía perder batallas.
Fueron focos de guerra iniciales el Cuzco,
capital de los incas; Oruro, en Alto Perú,
hoy llamado Bolivia; y el Socorro, en la Nueva
Granada, que después fuera la Gran Colombia.

En la lucha sangrienta, y después del fracaso,
murió más de un millón de esclavos insurrectos.
Ni Euno ni Espartaco, rebeldes inmortales
de la Roma de hierro, tuvieron en sus derrotas
la enormidad de muertos que tuvo Tupac Amaru.
Pero había empezado la lucha libertadora.
Nuevas sublevaciones surgieron en seguida:
en los puertos, los llanos, los ríos, en las selvas,
en las faldas y cumbres de los enormes Andes.

Las masas insurrectas crean sus dirigentes.
Las masas son creadoras de líderes capaces.
Y fueron apareciendo los guías eminentes:
San Martín en el Plata; Bolívar en Venezuela;
Hidalgo, con Morelos, en el bravío México.
A lo largo y a lo ancho, la América Española
volvióse un huracán de fuego libertador.
Los héroes de otras épocas procreaban nuevos héroes:
Caupolicán, Lautaro, Lempira y Cuauhtémoc.

Y el luto de los muertos y el dolor de los vivos
encendieron el alma y movieron el brazo
del gran Tupac Amaru.
Y el descuartizamiento del temible insurrecto
y el millón de caídos encendieron el alma
y movieron el brazo de los héroes siguientes,
astrales en la historia.
Llegaron las nuevas gestas de 1810, de 1812,
cuando la gloriosa batalla de Ayacucho marcó
el fin del imperio hispánico en lo que se llamaba,
en siglos coloniales y crónicas reales,
Tierra Firme.

Aquello, como en los sueños, fue hermoso, casi mágico;
pero al abrir los ojos, un triste desengaño.
¿Para qué la victoria sobre Fernando VII,
si luego serían muertos los ideales asidos?
¿No era ésta, nuevamente, una victoria pírrica
empezada, sin duda, con vigoroso impulso,
para alcanzar en premio el ciprés del vencido?
¡Aquella victoria, pueblos, fue una triste derrota!

En Panamá, el Congreso que haría la unidad
de la América Hispana frustróse con la intriga
secreta de los británicos por medio de sus cónsules;
agentes empresarios; contratistas canaleros;
préstamos a los gobiernos en libras esterlinas;
servicio de inteligencia hábil y diligente;
logias que distanciaban a los libertadores;
y, luego, con ambiciosos que fueron halagados
con dictaduras bárbaras para que dividieran
los viejos virreinatos y las capitanías
generales, en forma que desaparecieran
las repúblicas grandes recién establecidas,
quedando en su lugar cacicatos indígenas,
sin ninguna importancia, aislados unos de otros
por medio de guardarrayas y haciéndose la guerra.

¡Cuán cierta la sentencia de Nicolò Machiavelli
en la cartilla de El Príncipe:
"Divide y reinarás"!
Gran Bretaña aplicábala en la América Hispana
llena de regocijo, con maestría de artista,
para que el coloniaje sólo cambiara de dueño,
con la única diferencia de adoptar otros métodos
para que los colonos no advirtieran el daño.

II

Después de la victoria, Bolívar, el más alto
por hechos, por visión, por su gracia romántica,
al punto que parece un personaje aéreo,
contemplando el derrumbe del mundo liberado,
lleno de pena dijo a un indio: "Aré en el mar",
y se rindió a la muerte en San Pedro Alejandrino.
Aquel héroe atractivo, múltiple cual ninguno,
imagen del huracán en todo: en el combate,
la derrota, el retorno, la carga, la retirada,
el nuevo asalto, el triunfo, y siempre infatigable,
dirigiendo gobiernos, pronunciando discursos,
dictando constituciones, leyes, proclamas, cartas,
y escribiendo poemas al Chimborazo, a Fanny,
un volcán de los Andes y una dama francesa,
se quemó en la pelea; la lucha libertadora,
hoguera de lenguas mágicas, lo abrasó con sus llamas.
Abandonado, enfermo, cansado, tuberculoso,
llegó a la comprensión que al hombre le acompaña
destino limitado, y su papel se hallaba
en expulsar de América a la opresora España,
y nada más que eso, porque así estaba en ley.
Pero que no podía, por más que lo deseara,
lidiar con Gran Bretaña, con la "pérfida Albión",
que decía Napoleón en imperiales cóleras,
la cual, viéndose libre de potencias rivales,
y en plan colonizador, ya estaba en nuestras costas.

Bolívar, aquel Marte de singular finura,
se dio perfecta cuenta del nuevo coloniaje
que venía sobre América, hundida en el atraso,
sin ningún desarrollo en la época ascendente
de la revolución industrial de Inglaterra.
Así debe entenderse la angustia de Bolívar.
No fue la soledad, no fue la tuberculosis;
fue la contemplación de su ideal que se hundía
en el mar del fracaso la que causó su muerte.

Justamente, en los años en que moría Bolívar,
por un espeso bosque de anglófilos traidores,
rompiendo resistencias con heroísmo aquíleo,
demostrando un valor inspirado en la causa
del patriotismo auténtico, se hace ver Morazán,
joven, gallardo y hábil en lo alto de la historia.
Según un estilista que abunda en comparaciones,
el guerrero triunfante, amado de las masas,
con su casaca negra, sus pantalones blancos,
paseándose en Guatemala, tenía parecido
en brillo con Bonaparte, cuando volvió de Egipto
a París poco antes del 18 Brumario.
Lo cierto es que el bravo pueblo, los fieros combatientes,
los ancianos, los niños, las mujeres amaban
a Morazán por ser como una selección
de la naturaleza en cuerpo y en espíritu.

Presidente Federal del Gobierno de Centroamérica,
se impuso un plan concreto frente a la Gran Bretaña:
cancelar gradualmente los préstamos percibidos,
que había malgastado, con notoria impericia,
el gobierno anterior, que rodara por tierra
bajo la acción del pueblo que deseaba llevar
la libertad social, nacional, hasta el fin.
No aceptar más empréstitos en libras esterlinas,
que ofrecían melosos los banqueros ingleses.
No dar a los británicos ni a ninguna potencia,

en venta o concesión, la ruta canalera
San Juan, el Lago, Rivas, que existe en Nicaragua.
Arreglar las finanzas públicas de manera
que hubiera un excedente para poder construir,
por cuenta de la Nación, el notable canal
que uniera los océanos Atlántico y Pacífico.
Venga el recuerdo ahora de algo que se ha olvidado:

Centroamérica era el punto que codiciaban
con mayor interés reyes, emperadores
y gobernantes nuevos por las revoluciones;
además de Inglaterra, dueña de los océanos,
Francia, con Napoleón en sus días estelares,
el zar de todas las Rusias, amo en la Santa Alianza,
los Estados Unidos, con la Doctrina Monroe,
que ya tenía planes de expansión y dominio.
Todos querían ser dueños exclusivos del Istmo.
Ocupaban, para ellos, lugares secundarios
las regiones de América sin zonas canaleras.

Se dijo Morazán: "Con obra tan admirable
haré que Europa y Asia acudan con sus flotas
mercantes por esta zona central del Nuevo Mundo."
Al canal debe unirse una sana política
agrícola, pecuaria, industrial, comercial,
que sirva de fundamento al progreso de América.
Es decir, de este centro partiría la luz
a las porciones norte y sur del Continente.
No el héroe, el estadista abrigaba estos sueños,
dispuesto a traducirlos en bellas realidades.

Pero el Primer Ministro inglés, con la obsesión
de hacerse de una vez de las llaves del mundo,
tenía sobre su mesa el cuadro del nuevo Estado.
La joven Centroamérica, saliendo del coloniaje,
carecía de un Tesoro, de Nación cimentada;
faltábale un ejército al estilo europeo;

no tenía una Flota, ni siquiera atrasada;
se hallaba sin aliados en ambos Continentes;
era una presa fácil para la Gran Bretaña.
Bastaba —dijo entonces aquel Primer Ministro—
con promesas, halagos, préstamos y presiones,
para atraer al rol británico a Centroamérica.

Lord Palmerston escogió entre sus diplomáticos
al más calificado para tamaña empresa.
Pensó en cierto joven que se había distinguido
por hábil en el Báltico y luego en Luxemburgo,
en Federico Chatfield, y lo envió a Centroamérica.
Despachado de Londres, arribó a su destino.
Vio chozas, indios, villorrios, y tuvo una sonrisa.
Cortés, de buen talante y maestro de la intriga,
presentó credenciales al gobernante istmeño.
Vio al héroe; le agradó —tenía que agradarle
si era fascinador— y empezó por querer
convertirlo en su amigo personal, con el fin
de llegar a su objeto en el tiempo más corto.

Pero en estas montañas, Morazán era un genio
que tenía lecciones del pasado remoto
en las ciudades muertas, donde hubo una cultura
de alcances sorprendentes; y tenía intuiciones
del porvenir glorioso signado a Centroamérica,
siempre que hubiera hombres empeñados como él
en realizarlo a diario, con trabajo y visión.
No tenía instrumentos propios para el objeto,
pero tenía talento, ideas de su siglo;
lecturas abundantes de grandes escritores;
ejemplos numerosos de varones insignes;
tenía cuadros selectos que comprendían sus planes,
disciplinados ya en el miraje altísimo;
y lo más importante: tenía en derredor
a un pueblo que lo amaba y lo seguía resuelto
en el afán creador y en la guerra patriótica.

III

¡Obreros y campesinos!
¡Soldados y aviadores!
¡Letrados y científicos!
¡Juventud de vanguardia!
Ahora la Verdad
va a cantar el conflicto
enconado que hubo
entre el héroe aquilino
y el siniestro extranjero,
o sea entre Centroamérica
y la "Pérfida Albión"!
¡Escuchad sus acentos,
llenos de santa cólera,
relatando los hechos!

El agudo británico, con ojos asombraélos,
consideró difícil hundir a Centroamérica
en nuevo coloniaje con un jefe, unos cuadros
y un pueblo electrizados con ideales patrióticos.
Rindió informes a Londres sobre el caso concreto:
la grandeza genial que había en Morazán,
sus planes en relámpagos de progreso sin límites,
su carácter de acero de general romano,
su orgullo inexpugnable en medio de su modestia
civil, pues no pasaba de simple ciudadano.
De Londres regresaron instrucciones precisas:
convenía extremar la acción colonialista,
primero con promesas de una dictadura
serrana y parecida con las que ya empezaban
a surgir en el Sur en manos de traidores.

Chatfield, mefistofélico, propuso esta ignominia,
elogiando el gobierno personal de un grande hombre.
Morazán le repuso con citas de Plutarco
que Pericles había exaltado el gobierno
del pueblo y para el pueblo, con mandatarios propios.

Y el Presidente insigne, demócrata cual ninguno,
se mantuvo impasible ante estas seducciones.
Las vulgares promesas no dieron resultados,
no abatieron el alma del patriota invencible.
Al verse fracasado el diablo frente al santo,
siempre bajo instrucciones procedentes de Londres,
Chatfield cambió de táctica, ya con odio feroz.
Se apoyó en nuevas formas secretas, solapadas.
Se valió de los títeres anglófilos del país.
Antiguos españiolistas, recientes mexicanistas,
y aun bravos libertadores que odiaban a Morazán,
se unieron y convinieron, libertos confabulados,
en que el joven Estado sufriera las cadenas
de un amo poderoso, siendo lo antes posible
Protectorado inglés, deseo que publicaban
con descaro en la prensa semanaria de entonces.
Todos los reaccionarios, todos los resentidos,
todos los negociantes y todos los impúdicos,
civiles, militares, eclesiásticos, laicos,
traidores a la patria, se transformaron pronto
en agentes de Chatfield, directos e indirectos,
conscientes e ignorantes, en toda Centroamérica.
Bastaba la propaganda contra el Gobierno ilustre
y aceptarla por buena para caer en las redes
del plan colonialista de Inglaterra en el Istmo.
Chatfield, que no asomaba la cara ni la asomó —
razón por la que muchos ignoraban su crimen—,
reía tras sus pesadas cortinas de Damasco
de la extrema vileza de sus fieles sirvientes,
y cuando alguna vez llegaba a recibirlos,
con muchas precauciones y al peso de la noche,
cínico se inclinaba ante ellos y les daba
tratamiento de nobles: "Señoría", "Excelencia",
música en los oídos de aquellos sicofantes.
Al sacerdote hablaba de diezmos y primicias;
al noble sin nobleza, de príncipes borbónicos;
al militar, de sueldos, uniformes y ascensos;

al comerciante criollo, del precio del añil;
al medio intelectual, del empirismo inglés;
al indio, que cambiaría los caites por macasinas;
y a todos, de las bondades del gobierno británico,
protector de los débiles y azote de los déspotas.
El inglés sin escrúpulos, con fuerzas tan disímiles,
preparaba en secreto la contrarrevolución.

Un hombre como aquel, egresado de Oxford,
sabiéndose diplomático de un Poder colosal,
instruido que Gran Bretaña quería compensar
la pérdida de Norteamérica con la pronta conquista
del Sur ya liberado,
golpeó donde debía golpear con ciencia y arte,
con singular ingenio.
Dio golpes repetidos sobre el Estado istmeño
para menguar su fuerza, y al fin para destruirlo.
Y así, de un día a otro y de la noche al alba,
se vio la acción funesta del delegado inglés.
Reyerta de los poderes de la unión federal;
intrigas de Gabinete; pleitos de los Estados;
levantamientos de indios; bochinches regionales;
propaganda de curas que encendía el fanatismo;
alianzas militares para abatir el régimen
de la Constitución; invasiones costeras
de piratas ingleses; acción de reconquista
por parte de aventureros españoles
unidos al esfuerzo británico de agotar la República;
armamento secreto que entraba por Belice;
seducción de caciques en zonas de la Mosquitia
que debían declararse separados y aparte
bajo la protección de la Reina Victoria;
mil hechos; mil maniobras, y mil estratagemas,
tanto en el interior como en la periferia
de las costas marítimas, para abatir el régimen
federal, democrático, republicano y libre.

Fue larga aquella lucha de un imperio y un pueblo
que tenía un comandante visionario y valiente.
La agresión del británico se dividió en etapas,
cada vez más brutales, con mayor exterminio.
Si antes se habló con fuerza de Gobierno central
para acabar de un golpe con la Federación,
ahora se oponía al régimen federal
el vil separatismo para que los Estados
se volvieran repúblicas, mientras más diminutas,
mejor para los planes de la altiva Inglaterra.

En tanto Morazán, no corriendo, volando,
estaba en todas partes: desbaratando intrigas;
sofocando motines; aplastando invasores;
pactando muchas veces con caciques ignaros;
librando hasta batallas campales en que vencía
siempre a sus enemigos, porque nadie en América
tuvo en aquellos años el don de la victoria
como lo tuvo él, llegando hasta decirse
—y de repente es cierto, vistas las evidencias—
que en guerra tenía el genio táctico de Napoleón.

Muchos han pretendido explicarse el secreto
de Morazán, que siempre triunfaba en las batallas,
y tratan de encontrar su clave en las estrellas,
imitando a los mayas, siguiendo a los caldeos,
astrólogos ilustres en los remotos tiempos,
sin advertir que dejan la clave aquí en la tierra,
donde en efecto se halla sin dudas ni reservas.

Morazán era un jefe con un ideal brillante;
era el abanderado de las demandas justas
del pueblo de Centroamérica, que había sido esclavo
y quería alcanzar niveles civilizados.
Morazán era un líder con todas las virtudes
varoniles urgidas por la Patria en momentos
que estaba amenazada por nuevos conquistadores.

Morazán era un caso que debía producirse
con necesario impulso para darle grandeza
al justo movimiento libertador del Istmo.

Al ascender por hechos de razón y justicia,
fue amado por el pueblo y contó con el pueblo.
Su Ejército Protector de la Ley, al principio,
tiene definición de Ejército Popular.
Y Ejército Popular, con el correr del tiempo,
fue sin ninguna duda el Ejército Federal.

Esto quiere indicar que en los encuentros fieros
el jefe se diluía en la masa combatiente,
al grado que, en cada indio, negro, zambo, mulato,
mestizo o blanco, luchaba el propio Morazán.
Y al revés, al subir de la masa hacia el jefe,
Morazán era él, y a la vez encarnaba
al propio pueblo en armas, temible y victorioso.
Morazán era el pueblo, y el pueblo Morazán.

Según nuestros saberes y nuestras valoraciones,
un defecto no más empaña a aquel gran jefe:
su excesiva piedad, su clemencia romántica;
no supo exactamente lo que era un enemigo
público de la Patria que estaba defendiendo;
creyendo en Jesucristo, que no era un político,
olvidó a Robespierre, que no era un profeta.

Como jefe de Estado, contando con el pueblo,
en nombre de la República, debía haber juzgado
en tribunal severo a todos los traidores.
La historia aprobaría juicios tan saludables,
sonriendo con la sonrisa fina de Talleyrand.
Y esto sale tan cierto que aquellos que perdonara
con varonil grandeza, por el amor al prójimo,
fueron, corriendo el tiempo, sus propios asesinos.

Después de tanta lucha, el héroe consideró
que tenía delante el monstruo de la anarquía,
y decidió dejar la Patria por un tiempo.
Tal vez sus compatriotas, viéndose anarquizados,
corregían su conducta y descubrían al fin
que lejos de ser él la causa del desorden,
era la Gran Bretaña, con voluntad de imperio.

Con un grupo de amigos tomó un barco y partió
para el Sur, a Colombia, y después al Perú.
En Panamá, provincia colombiana, escribió
sus notables Memorias sobre sus actuaciones,
desde iniciales días de lucha contra España,
pasando por el imperio de Agustín de Iturbide,
hasta llegar al punto de los malvados últimos
que descaradamente querían que la República
fuera, sin dilaciones, Protectorado inglés.

Las Memorias quedaron truncas —para desgracia
de la literatura política del Istmo—,
o al menos, así se cree, si no hubo perversos
que interesadamente llegaran a desglosarlas.
Pero ha quedado de ellas el resplandor hermoso
de un estilo de fuego que recuerda a Rousseau,
combativo y romántico, lleno de piedras finas
y de preciosas perlas del Golfo de Nicoya.

En Lima posiblemente les rindió su homenaje
al gran Tupac Amaru y a Bolívar a un tiempo,
los dos héroes históricos de mayor nombradía
en la lucha sangrienta contra la vieja España.
Por cierto que en Lima estaba cuando el jefe de Estado
de Nicaragua urgióle que debía regresar
porque naves británicas habían desembarcado
tropas de ocupación en el Río San Juan,
arteria de la zona canalera del Istmo.

IV

¡Pueblos de Centroamérica!
¡De América Latina!
¡De todo el Continente!
¡Del mundo, sin exclusiones!
Ahora la Verdad,
con acentos mortuorios,
va a relatar el fin
que tuvo Morazán,
y con él la República
Federal, fragmentada
en cinco Estados débiles,
para que sacien su hambre,
unos en pos de otros,
¡los perros imperialistas!

Al llamado que le hizo el jefe de Nicaragua,
Morazán regresó sin pérdida de tiempo,
listo para la lucha contra la Gran Bretaña.
Publicó un Manifiesto anticolonialista
en que reconocía el vigor desigual
de las fuerzas que iban a chocar en el frente
y las que le opondría la débil Centroamérica;
no importando el final, si con la resistencia
fallida se salvaba el honor nacional.
Llamaba al mismo tiempo a la unión de los pueblos
y de sus gobernantes, sin odios ni rencores,
sabiendo que lo mínimo debe ser olvidado
cuando la Patria se halla en peligro inminente
de ser esclavizada por extraño invasor.
Se instaló en Costa Rica para de allí operar
contra el fiero enemigo, situado en el Atlántico.
Y a la vez que había vuelto el genio de la defensa
de la Patria ultrajada, Chatfield, siempre animoso,
salió de Guatemala y llegó a San José.
En secreto reunióse con sus criados y siervos,
expuso sus proyectos y expidió sus mandatos,

acordando la muerte personal del gran jefe.
Convenía asesinarlo, ya que venía de nuevo
a levantar el alma del pueblo republicano.
Y así como fue dicho, así fue realizado.
En aquella tragedia, la más escandalosa
de América hasta entonces —antes de la de Lincoln—,
nadie vio la figura de Chatfield en la ventana.
Sólo a los segundones con una turbamulta
que se movía con libras esterlinas, sedienta
de la sangre de un héroe de los más eminentes;
de la sangre de un santo, de un mártir, de un patriota.

Capturado en un pueblo, llevado a la capital,
metido en una cárcel con unos lugartenientes
que perdieron el ánimo en el instante extremo.
En medio del aullido de la turba salvaje,
harto fanatizada por criollos degenerados
que no tenían vergüenza de su papel infame,
—entre ellos Antonio Pinto, cretino portugués—,
Morazán, comprensivo del instante supremo,
sereno como un dios de los mitos antiguos,
con clara inteligencia y con puño seguro,
redactó el Testamento más breve y más brillante
que existe en los anales de gloria en Centroamérica.
Allí, en pocas palabras, hay un himno a la Patria.
Libertad, igualdad, fraternidad son dianas
que se alzan a los cielos de la inmortalidad.
Allí está la esperanza en la resurrección
del derecho legítimo del pueblo republicano.
Es una declaración de amor a Centroamérica
que nunca brotó antes de ningún corazón.

Después fue conducido al punto en que sería
pasado por las armas; y como estaba ansioso
de salir de aquel trance y conocer la muerte,
con postrera sonrisa, última flor de vida,
notando la desviación del fusil de un soldado,

hizo que corrigiera la mala puntería,
y él, arrogante y firme, mandó que hicieran
¡fuego!

Tal hecho sucedió el 15 de septiembre
de aquel 42 funesto, a los 15 años
de lucha encarnizada en favor del ideal
de una Centroamérica libre y civilizada.
No se ha dicho en las crónicas, pero es más que seguro
que aquel día hubo signos naturales aciagos
en la extensión de América: terremotos, ciclones,
erupciones volcánicas, eclipses de los astros,
pues está bien probado que la Naturaleza
tiene esas coincidencias con los hechos humanos
que suelen enlutar el vértigo de la Historia.

Borrado Morazán de la escena política,
y dividida en cinco Estados la Patria Grande,
la Gran Bretaña entonces puso sus gobernantes,
con más exactitud, sus fieles mayordomos,
que la Reina Victoria colmaba de regalos.
No construyó el Canal al sur de Nicaragua,
no creó el Protectorado, no herró el ganado humano.
Respetó ciertas fórmulas por ser más convenientes
al interés de Londres; simplemente quería
frustrar el porvenir libre de Centroamérica,
rebajarla, abatirla, dividirla, aplastarla
con su bota imperial.

Esta es la irrevelada
vida de Morazán, que los historiadores
nativos han narrado en formas alejadas,
haciendo de este caso que la Verdad se indigne
y aparezca en escena como un rápsoda homérico
a relatar los hechos tal como sucedieron,
para que en el futuro nadie invente leyendas,
primero para salvar a aquellos que cometieron

alta traición —delito que se pena con muerte—;
segundo, para ocultar la agresión de un imperio
en el pasado siglo, a fin de disculpar
la acción de otros imperios que nos oprimen hoy.

Vistas las realidades, Morazán es sinónimo
de derecho eminente y de ejemplo inmortal
para los hombres nuevos en áreas de Centroamérica.
Aquel que desee grandeza, un pedestal de gloria,
tal vez por la misma vía o con distintos métodos —
porque las condiciones mundiales han cambiado—,
continúe la lucha que dejara inconclusa
Morazán, muerto en guerra, defendiendo a la Patria.

V

La Verdad, que no quiere
dejar nada por fuera
al llegar el instante
de las revelaciones
mayores de aquel tiempo,
señala sin reservas
a los más importantes
hombres que combatieron
por causas diferentes
al Gobierno legítimo,
al Estado instituido,
al Derecho alcanzado,
en nombre de la traición
y el nuevo coloniaje.

Como los detractores del héroe no se agotan
con el correr del tiempo, tratando de situar
a figuras menores arriba de su presencia
colosal, ya aceptada sin reserva en el mundo,
la Verdad, de buen grado, va a aclarar ciertos
puntos.
Empieza por decir que aquel hombre impetuoso

en los años amargos de la lucha inicial
contra la esclavitud en área salvadoreña,
merece cien coronas de laurel por sus hechos
de valor y de arrojo, de sacrificio y cárcel.
¡Dianas para aquel héroe de los primeros años!
Pero vale el repudio por el fraude evidente
con que llegó al poder, sembrando el mal ejemplo,
sin plan administrativo, hundiendo a la Nación
en pesados empréstitos
de libras esterlinas,
que dieron a Inglaterra derecho a introducirse
en los negocios públicos, al punto de tomarlo
a él como instrumento para cambiar el régimen
de la Constitución Federal ya aceptado
por el del centralismo con ribetes monárquicos,
novedad que produjo una guerra civil
que dejó a Centroamérica convertida en
escombros.
Y se agrava el repudio, porque después del crimen
político realizado, no imitó a los helenos
que, entendiendo sus yerros, se alejaban del ágora
para purgar sus daños, sino que inversamente,
siempre estuvo en acción intentando invasiones,
ayudando en este orden al tremendo enemigo
que tenía la República, y que él, otros días,
ayudara a fundar...

Y así, de esta manera,
quien introdujo el fraude para ser Presidente,
y quien desde el Poder diera un golpe de Estado,
para desgracia suya, fue también el maestro
de todos los "montoneros" torpes y destructores,
habidos y por haber, de entonces hasta hoy.
No fue culpa de nadie, fue él mismo el responsable
al despreciar la gloria para hundirse en el lodo.

La Verdad va a decir que aquel falso marqués
con título anulado en la Corte de España,
porque no merecía nobleza el hecho simple
de que su padre ofreciera cuatrocientas acémilas
para hacer el traslado de todo el mobiliario
de la Capitanía General y el Cabildo
de la Antigua a la Nueva Guatemala,
por causa del terremoto a fines del centenio XVIII.
Aquel falso marqués, engreído en su mayorazgo,
y primero en la acción contra la democracia,
sostuvo cuanto pudo la Monarquía española;
al ver perdida ésta, ayudó bajo velos
en la conspiración de Agustín de Iturbide

para anular la fuerza de la revolución
que iba a la República, coronando a un monarca;
al mirar el derrumbe del imperio de México,
buscó la cortesana república aristocrática,
y al comprobar que no era posible cimentarla,
con un odio feroz contra el pueblo, convino
en que Inglaterra fuera dueña de Centroamérica,
y trabajó afanoso en ello bajo las órdenes
de Federico Chatfield...
Aquel falso marqués,
descendiente legítimo de muleros vasallos,
produjo tanto daño a su Patria de origen,
que si se le recuerda es para condenarlo
por su funesta acción, que es sangre de tragedia
en esta Centroamérica, despedazada y mínima.

La Verdad va a decir que el Obispo Cassaus, por ministerio y rango, estaba destinado a mantener el culto de la Divinidad en la altua eminente que cumple a la religión, allá en la aspiración del Reino de los Cielos; allá donde perfuman los lirios del Evangelio; donde Jesús es príncipe del amor y la paz. El Acta de Independencia y la Constitución Federal declaraban con sentido intuitivo que siendo la religión católica la creencia de la gran mayoría de los americanos,sería en lo venidero sostenida y guardada.Así es que aquel obispo tenía seguro y firme el campo espiritual que le correspondía;pero estando entendido que en la época moderna y en la veloz carrera de las revoluciones,la inteligencia acata los cambios que se vienen,por ejemplo, digamos,la libertad de cultos,el derecho a creer o no creer en nada,la razón de la ciencia y la filosofía,las nuevas concepciones y la enseñanza laica Debía aquel obispo pensar que si en América el siglo de las luces lo iluminaba todo,la Iglesia, sin dejar el modelo de Roma,tenía que desplazarse a nuevas posiciones,viajando entre el ejército del pueblo victorioso.Mas no,aquel obispo, oscurantista y torpe,ajeno a la marcha rápida del tiempo en que vivía,quiso ser tan fanático como un.Savonarola y tan inquisitorial como un Torquemada.En la Iglesia mayor predicó a los creyentes que Teresa Aycinena, una monja sacrílega,recibía de los ángeles mensajes teologales

    en pañuelos de seda; y al mostrarlos al público
    aparecían escritos con cierta sangre pálida,
    con mala caligrafía y errores ortográficos,
    en los que se ofrecía el Cielo a quien matara
    al héroe Morazán.
    ;Quién respeta a un jerarca,
    a un simple sacerdote, que rebajando el nombre
    de Dios hasta el nivel de sus bajas pasiones,
    azuza la discordia,provoca el fanatismo,
    bendice al delincuente y santifica el crimen?
    Nadie, absolutamente lo respeta en el mundo,y menos en Centro
América, donde los
    (depravados,
    a pesar de su empeño sistemático y diario,
    no han podido destruir la conciencia moral.
    Morazán expulsó al obispo Cassaus
    y a las congregaciones religiosas malsanas
    del territorio patrio, en lo que no hizo más
    que imitar a aquel rey español que cansado
    del daño que ocasionaban las sotanas impías,
    expulsó a los jesuitas de todos sus dominios.
    Si el rey Carlos III dictó aquella medida

saludable a sus reinos, por qué en Centro
(América
no iba el jefe de Estado a separar la carne
engangrenada a efecto de salvar la República?
'Natural, que este hecho abrió un profundo abismo
entre el Gobierno laico y el Poder eclesiástico
que regaba calumnias, como que Morazán
era el representante del demonio en la tierra,
envenenando el agua de ríos y de dagos;
apestando los aires con el cólera morbus;
diezmando a los indígenas en la guerra sin tregua;
fusilando a los curas, diatribas que ayudaban
con su efecto en las gentes sencillas y temerosas,
al plan que realizaba el implacable Chatfield,
quien con el nuevo aliado religioso lograba
fortalecer sin duda su estrategia política.
La Iglesia, mal dirigida por el miope ministro
de Jesucristo, fue adversaria sin tregua
de Morazán, cristiano de altas concepciones;
si se comprende que su lucha sin descanso
la impulsaba su amor a las masas humildes
y a la clase social que estaba destinada
a fundar en el Istmo un modo de producción
moderno con su ciencia y su técnica nuevas,
que ocupara el lugar del viejo feudalismo
y sus castas arcaicas, sanguijuelas del pueblo.

La Verdad va a decir que el indio de la montaña que apareció en
escena en la culminación de la obra destructora de la Federación, no
fue de ningún modo un parto de las masas, ya que las masas crean
valores positivos; ni fue, menos aún, producto de sí mismo por su
talento ingénito y su audacia nativa, si hasta los bandoleros famosos
de la historia deben mostrar destellos que hechicen a las bandas que
les siguen airadas en las devastaciones.
Aquel indio misérrimo con espaldas de esclavo,
fue obra de los Chatfield, Aycinena y Cassaús,
por medio de sacerdotes que lo fanatizában

y quien comunicaba su feroz fanatismo
a las turbas indígenas que, hundidas en ignorancia,
daban por bueno cuanto llegaban a decirles,
aunque fuera en perjuicio de sus propios derechos.
¡Qué distancia astronómica entre el indio de Mita
y sus predecesores, Lempira y Tecum Umán,
dos héroes esclarecidos de los maya-toltecas
que murieron guerreando con los conquistadores
y hoy brillan en la historia y en las constelaciones!
¡Qué diferencia enorme la de aquel indio oscuro
ya con Tupac Amaru, ya con Tomás Catari,
quienes movilizaron legiones de insurrectos
contra los opresores en el siglo XVIII,
y son así, por ley, los grandes precursores
de la liberación de la América Hispana!

Han dicho los reaccionarios en diferentes tonos
que aquel indio, adiestrado en oficios traidores,
preparó el Waterloo del Jefe Federal,
haciéndolo caer de su altura y salir
en dirección del sur...
Apreciando las formas
externas de los hechos, no llegan hasta el fondo.
Así como Gran Bretaña, poniendo todo su peso,
había aniquilado el ensayo bonapartista
de Agustín de Iturbide, destruyendo su imperio,
de la misma manera, en áreas de Centroamérica,
también aniquilaba la República libre
que Morazán trataba de levantar invicta.
El cacique de Mita sólo fue un instrumento
en manos de los británicos, nuevos colonialistas.
Aquel vil instrumento con otros de su género
hicieron cinco pedazos la República Federal,
para que en la Argentina, don Domingo Sarmiento,
exclamara espantado: "¡Dios mío! ¡En Centroamérica
las aldeas indígenas se erigen en repúblicas!"

Y aquel vil instrumento, para colmo de males,
pagándoles a sus amos la fama artificial
que le habían añadido, ¡les entregó Belice!

La Verdad va a agregar por último que hay muchos
antimorazanistas que sostienen con énfasis
que si el gran visionario viviera en este tiempo,
al ver los nuevos signos, resuelto condenara
su vieja acción aquilea y su gloria inmortal.
Es decir, aquel héroe del progreso fuera
hoy un varón reaccionario, un freno de la marcha
de la historia incesante en dirección continua
a nuevas sociedades que promete el futuro.
¡Mienten cuantos sostienen tamaño desatino!
¡Mienten cuantos calumnian al noble paladín!
¡Mienten cuantos ofenden el resplandor del genio!
Heráclito de Éfeso, hace varios milenios,
dijo que todo estaba sujeto a movimiento.
Decid: ¿aquel augur, con las comprobaciones
filosóficas de hoy, se habría retractado?

Demócrito de Abdera sostuvo hace miles de años
que el Universo es materia inagotable,
un torbellino atómico infinito y eterno.
Decid: ¿aquel filósofo, en el tiempo que ilustra
la física nuclear, negaría su tesis?

Antes de nuestra era, el esclavo Espartaco
se alzó contra los amos esclavistas de Roma.
Decid: ¿aquel rebelde en los días presentes
abrazaría la causa feroz de los monopolios?

En siglos de la Edad Media, el temible Dolcino
provocó un alzamiento de siervos de la gleba
que sacudió las bases de la Europa feudal.
Decid: ¿aquel tremendo dirigente de masas
se cruzaría de brazos ante los feudos de hoy?

Absurdo es trasladar a un hombre de una época
anterior a cualquier época posterior.
No es posible ni en sueños, pero si se propone,
Morazán sería hoy un conductor de pueblos
oprimidos, saqueados, en marcha vigorosa
a la liberación social y nacional,
juntando con su genio los Estados dispersos
en un Estado grande, con un Gobierno propio,
y echando del territorio a los imperialistas,
a todos los mercaderes, a todos los usureros
que viven enriqueciendo a sus propias metrópolis
con lo robado en estos campos de explotación,
¡fiel a su propia historia, si es el padre legítimo
de la doctrina heroica del anticolonialismo
aquí en Centroamérica!

¡El Morazán de ayer sería sin disputa
el Morazán de hoy,
con una concepción del mundo y la sociedad
ajustada a la ciencia y a la filosofía
de vanguardia legítima, que lo transforma todo!
¡Sería el mismo jefe, el mismo hombre de Estado!
¡El mismo resplandor histórico en Centroamérica!

VI

Al no existir poetas
entre nos que improvisen
trenos a la manera
de los griegos antiguos;
ni músicos que compongan nocturnos como Chopin,
porque el dolor agota hasta la inspiración,
la Verdad, que no tiene los dones de las Musas,
cierra esta real historia del héroe Morazán
¡con notas que se parecen con una Marcha Fúnebre!

Un 15 de septiembre llegó la Independencia,

que casi no disfrutamos con plenitud vital,
porque nuestra República Federal la perdimos
irremediablemente tan luego hubo nacido
al astillarse en cinco Estados diminutos.
Pasados veintiún años, fue en otro día 15
borrado Morazán de la escena del mundo
para que el edificio no fuera reconstruido
y nuestra Centroamérica sufriera coloniaje.

En cada nuevo año se aclama la antigua gesta
del Acta de Independencia del 15 de septiembre
en cinco Estados enanos que izan vanidosos
cinco banderas propias y cantan cinco himnos
de notas diferentes, más desfiles, fanfarrias,
"palillonas", discursos, cañonazos, mentiras,
en que se ven alegres los niños inocentes;
delirantes los jóvenes de escasa inteligencia;
flamantes los burgueses de abultadas barrigas;
grotescos los machetes que ignoran lo que es gloria;
altivos los jefecitos de Gobiernos vasallos;
suntuosas las embajadas puntuales en la feria;
sonriente con ironía el Procónsul de turno;
curiosa como intuitiva la masa popular,
¡vaya! cómo ha vencido la acción de la anti-Patria
y marcha por las calles la fría desvergüenza.
Es causa de alegría en fecha tan insigne
el fin de la República Federal de Centroamérica,
el vil asesinato del héroe Morazán.
Mil veces sería mejor recordar aquel día
que tuvo alba, esplendor y ocaso ensangrentado,
con banderas caídas, con himnos funerales,
con lágrimas sentidas, con riguroso luto.
Y si fuera posible, con protestas airadas
contra aquellos bandidos que nos tienen así,
divididos, pequeños, raídos, pordioseros,
con amos imperiosos, capataces bestiales
y numerosas bandas de lacayos abyectos.

Más acomodaría al 15 de septiembre
del noble año 21, por los hechos funestos
que han seguido después, los aullidos de Hécuba
cuando la muerte de Héctor, héroe de los troyanos;
los gritos de Casandra, profetizando
peores desgracias a los Atridas...!

Pero no desmayemos.
En nadie influya Dante con su verso fatídico
que se debe perder, sin más, toda esperanza
de salir de este infierno de suplicios innúmeros.
El mundo cambia siempre, y nada permanece.
Las rocas se disuelven en millones de años.
No hay sistema social que no sea sustituido.
Ni hay imperio que dure más allá de su término.
¿Dónde está Babilonia? ¿Dónde Alejandro Magno?

¿Las águilas romanas existieron acaso
para adornar las páginas de los textos primarios?
¿Qué fue de Carlomagno con su gran barba blanca?
¿Y qué de Carlos V, y de Iván el Terrible?
¿Qué fue de otros imperios y otros emperadores?
¡Los imperios de hoy, así como ascendieron,
así también caerán por fuerza de la historia!
¡No importa la arrogancia, el orgullo patricio,
la soberbia sarcástica con el colono débil!
¡Caerán desde su cumbre hasta pegar la frente
humillada en el suelo, porque deben caer!
¡Caerán, al no haber nada estático en lo eterno!

Y entonces, Centroamérica subirá a las alturas
de libertad y dicha para seguir volando
como estrella del alba en el cielo infinito.
Y entonces Morazán se alzará de la sombra
y volverá vital, como un padre que llega
del tiempo y la distancia a abrazar a sus hijos,
a renovar la acción de sus grandes ideales,

y a ser en lo sucesivo, muertos los sufrimientos,
¡pan en mesa de paz que reúne a la familia,
vino en cristal brillante que alegra el corazón!

BOLÍVAR

Por fuerzas misteriosas, Bolívar ha llegado en alto bronce a Honduras, hasta Tegucigalpa.

Y este pueblo, cansado de títeres nativos del Imperio del siglo, salta y grita de júbilo.

Tal vez por sugestión de los dioses remotos del hondo Ixachilán, ha llegado a esta tierra en el momento exacto en que debe estar presente en toda alma angustiada la inspiración-Bolívar.

No se han equivocado los sabios kikanines, cantores y adivinos de mayas y toltecas.

El misterio prepara al hondureño pueblo para irrumpir de pronto como un pueblo-Bolívar.

En mitos del Popol Vuh, el constelado Orión desata el huracán que ruge y aniquila.

Verdugos del Estado, políticos abyectos, temblad, porque está cerca vuestro huracán-Bolívar.

Ideogramas que sólo pueden leer los ahkines informan que Kabrakán provoca las erupciones.

Agentes de los monstruos financieros de la hora, sabed que acabaréis en la erupción-Bolívar.

Agregan los ideogramas que Zipacná, el temible, con golpear la tierra produce terremotos.

Sabidillos de Harvard y flautistas de Washington, está muy cerca vuestro terremoto-Bolívar.

Los Chac guardan las cuatro esquinas cardinales y desatan plomizos diluvios sobre la Tierra.

Asesinos, ladrones de encumbrados niveles, ya viene para tragaros la inundación-Bolívar.

¡En fin, para qué más! Escuchad lo que dice el bronce de Bolívar, jinete de los siglos:

"—Dejad que en este instante me muestre apasionado
con la pasión sin freno de Juan Jacobo Rousseau:
América es la fragua del herrero Vulcano
que, rugiendo, socava las bases del Imperio
¡y guay! de los traidores a la causa de América.
Está llegando el fin del animismo griego
y aquí será enterrado definitivamente.
La vulgar compraventa de efebos y de vírgenes
de Escitia bajo el cielo sangriento de Corinto.
El elegante engaño de cuantos demagogos
trajeron sutilezas rimadas de Alejandría.
César, a pesar de su genio, en medio de su gloria
vive para caer bajo el puñal de Bruto.
Seguro de mí mismo, señalo el sagrado fuego
que adoraban los incas, los mayas, los aztecas
en sus fiestas rituales para su dios el Sol.

Del Sur hacia el Canal arden pueblos-Bolívar.
Del Canal hacia México hierven pueblos-Bolívar.
En las islas oceánicas brillan pueblos-Bolívar.
Y aún allá en Norteamérica, en Estados Unidos,
la noche le huye al fuego de un gran pueblo-Bolívar.

He de multiplicarme en héroes infinitos
creando la libertad en esta era cósmica.
¡Luchad, siempre luchad, que está cercano el día
en que celebre América fraterna, alborozada,
desde el Cabo de Hornos hasta la helada Alaska,
con una deslumbrante y enorme epifanía,
la victoria-Bolívar!"

CARTA AGRARIA PARA EPIFANIO HERNÁNDEZ

Orica (aquí el mes y el año). Hoy firmó nuestro libro de adhesiones el honrado labrador Epifanio Hernández y Hernández, originario de Morolica, departamento de Choluteca, y domiciliado en este municipio, convencido de las garantías dadas a los hombres que cultivan la tierra y del progreso de la Nación bajo el gobierno actual, abandonando el partido a que pertenecía y sumándose a nuestras poderosas filas, razón sobrada para felicitar al nuevo correligionario.

Corresponsal. (Telegrama publicado en un diario político de la capital de la República de Honduras, C. A.).

I

Desde Tenochtitlán, la urbe azteca, va esta carta para Huehuetlapallan,

nombre dado por magos precortesianos a las zonas sagradas de Copán.

También decíanle el País de Huey para ser breves en su nombramiento,

región maravillosa que Cortés quiso un día conocer y conquistar.

Muchos ignoran que Cortés buscaba penetrar los misterios de Autoctonia;

la esoteria, lo de adentro, y fue por eso que viajó a Honduras en son de hierofante.

Halló selvas y costas y comunas
que le negaron el lugar exacto
del que había partido en hondos siglos
y a cuatro rumbos la adoración solar.

El fuego mágico penó su atrevimiento.
Regresó entristecido a la gran urbe.

No halló a Huehuetlapallan, y en seguida
perdió el poder de gran conquistador.

Alegre digo en sílabas aztecas:
Huehuetlapallan, el lugar antiguo
donde empezó la adoración astral
con ritos, cantos, danzas y ornamentos.

Yo soy de allá, soy del País de Huey;
y mi canción tiene más viejo origen
que la canción de Nezahualcóyotl,
siendo la de éste la canción de un genio.

Pues desde aquí, alegre y satisfecho,
con este descubrimiento milenario,
voy hacia ti, viejo Epifanio Hernández,
que vives en lo que hoy se llama Honduras.

Compatriota querido, este mensaje
va con la sangre de mi corazón,
en el deseo de que seas feliz
con tu mujer, tus hijos y vecinos.

Esto en el caso de que seas el mismo
que conocí una vez en mi región.
Si estoy equivocado, siempre acéptalo
con rural y sencilla comprensión.

II

En la región de Olancho, en San Juan de Jimasque,
yo conocí a un Epifanio Hernández
que era como una estatua chorotega
animada por el lucro salinero.

Un lucro ajeno con la sal al fiado;
con mulas alquiladas en Pespire;
un largo papeleo en los cabildos

y un duro viaje que cubría el verano.

De San Lorenzo partía con su recua
siguiendo vías de una mano abierta,
formando un abanico de tierra trajinada,
para volver más pobre a San Lorenzo.

Eso todos los años, sin el menor descanso.
En Quimistán le robaron cinco mulas,
en Comayagua lo pusieron preso,
en Jamastrán por poco lo asesinan.
Sus viajes eran siempre una aventura.
De su pueblo partía hacia la muerte
y a su pueblo volvía con el ansia
de morir entre coros de cigarras.

Con todo, el salinero tuvo dichas:
convenció a una mulata en Teupasenti;
lo convenció una vieja de Marale,
y por poco se casa en Minas de Oro.
En el pueblo en que Eugene O'Neill estuvo
quiso quedarse como el roble inmóvil;
pero un exhorto le apagó la dicha
y volvió a lo que era, un salinero.

Un salinero es un Judío Errante;
un sombrero de Ilama, una camisa suelta;
pantalones de dril; caites de cuero;
un esqueleto seguido de una sombra.

El Epifanio Hernández que conozco
tenía conciencia de su propio sino:
nunca habría sido un forzado vagabundo
con tierra florecida y rutecida.

Hondureño explotado y macerado, se daba cuenta de que no era
dueño

de la tierra que medían sus zancadas
ni siquiera de la tierra de sus uñas.

Suicida potencial, sentía desprecio
de la vida y buscaba los peligros,
porque así terminaban los engaños
y acababan las deudas en los libros.

Pero más que la muerte en un barranco,
le atraía la vida montonera,
en la que el hombre muere de un balazo
o vive y sube, o roba y se mejora.

Joven anduvo en la tropa de Peralta
desde Danlí hasta la Costa Norte,
siguiendo al general Martínez Funes,
peleando en Guapinol como una fiera.

Pero un joven no piensa en el mañana;
se le enreda la mente en ilusiones;
y volvió a su lugar contando historias
de heroísmo y de sangre sin sentido.
No robó el infeliz; no tuvo tiempo
o no se le ocurrió. Y a la distancia
se miraba indignado con las manos
vacías, ensangrentadas, rumbo al Sur.

Contaba esto en mi casa campesina
y agregaba: En la próxima me sumo
para dejar a los flacos salineros
y enfilarme en los gordos generales...

Eso decía acostado sobre un cuero,
mientras el sol se iba poniendo rojo.
Al día siguiente partió con su destino
y su recua aplastada por la carga.

Jamás lo volví a ver... Vinieron guerras.
Subieron y bajaron los gobiernos.
Ahora leo su nombre en los papeles
y digo: —Si es el mismo, no se enmienda...

III

¡Pobre Epifanio Hernández! De repente firmó bajo el calibre de
una Star,
y pienso en el salinero que lloraba su sal sobre la sal de San
Lorenzo.

Y pienso que cada hombre que se queda
con la décima parte de su afán,
porque le roban las otras nueve décimas,
siempre llora su sal en la palabra.

Cada quien cree su caso la tragedia excepcional,
disonando en el gran coro al no alcanzar
la regla ilimitada en el salado océano del mundo.

La verdad es que el daño es infinito;
el salinero se queda sin su sal;
el campesino se queda sin su fruto,
y hasta el cantor se queda sin su canto.

Joven, sonriente, se enviajó Camilo
Pagoaga hacia los campos de la Costa
Norte con la esperanza de llenarse
las bolsas hasta el borde de dinero.

Trabajó duramente en la socola;
acarreando bananos por un año;
comiendo arroz, guineos sancochados;
coronando aquella obra la malaria.

Cualquier día cayó en las plantaciones;
lo condujeron al Hospital D'Antoni;

lo trataron igual que a perro pobre,
y disolvióse como sal en agua.

La vez que fui a La Ceiba quise verlo
incorporado a la inmortal materia;
no lo logré, la cruz que le pusiera
una tía piadosa, ya no estaba.

Eduardo Ruiz fue otro alucinado
con la Costa Feliz del oro alegre.
Se despidió con una serenata
bajo una luna fúlgida y sarcástica.

El muchacho tenía novia hermosa;
iba al Dorado en busca del Becerro
de la leyenda; traerlo, y ser dichoso
con mujer, hijos y pequeña hacienda.

Trajo una tuberculosis fulminante;
en el alma un agobio indescriptible.
En el lugar su mal fue "maleficio",
y se hizo sal en el salado olvido.

El despojo es total: desde la vida
hasta la tierra, el rancho, el buey, la mula.
A los indios de Jano los lanzaron
de la montaña en que sembraban milpas.

A Santiago Aguilar, buen carpintero,
le quitaron hasta el clavo del gramil.
A Marcelo Chirinos, buen herrero,
hasta el martillo por el simbolismo.

Quedóse sin sus bueyes Ángel Tróchez
por el veinte por ciento de una deuda.
Sin sus mulas de viaje Rubén Flores
por un remate de la Casa Soto.

La sal que suda el pueblo es tan salada
que sala hasta el amor y la esperanza.
¡Parásito social, tú no comprendes
hasta qué punto llega esta salmuera!

IV

¿Es aquel mismo Epifanio Hernández,
que conocí en mi aldea hace mil años,
el que se pasa de una banda a otra
sin saber que es la misma estratagema?

¿Dejó por fin las idas y venidas
del Golfo de Fonseca hasta Culmí,
de Culmí hasta el Golfo de Fonseca,
siempre pobre, un esqueleto y una sombra?

¿Andaría en la guerra que deseaba
y se encontró el talego codiciado?
¿Sigue esperando la florida tierra
o ya la hubo en límites de Orica?

Si es el mismo, ¿tendrá mujer fecunda,
casa de oro, estrella de la mañana?
¿Será feliz el que infeliz viajaba
como el Judío Errante por Honduras?

Por allá corre un río de Epifanios
que desemboca en un mar de Hernández.
Lo digo por decirlo, alucinado:
un río humano en un mar humano.

De otro modo: un ejército de pobres
Epifanios Hernández, ora unidos
en buena acción gloriosa, ora encontrados
y peor que perros por sugestión ajena.

Dice la historia, mulata narradora,
que Epifanios Hernández asistieron
a Morazán contra los "chapetones"
y los piratas tuertos de Inglaterra.

Que Epifanios Hernández estuvieron
con Florencio Xatruch en Nicaragua
echando mecha contra William Walker,
uno de tantos yanquis malhechores.

Que Epifanios Hernández dieron fuerza
a una cosa que se llamó Reforma,
que bien visto quedóse a medio palo
por culpa del "Destino Manifiesto".

Que Epifanios Hernández decidieron
la sangrienta batalla de Tatumbla
que eclipsó al general Domingo Vásquez,
que no se sabe si era bueno o malo.

Un día vamos a hurgar esto de Vásquez,
hombre de la Reforma, hombre de letras,
oscurecido por la propaganda...
¡A saber qué picardía hay en el fondo!

Y así, entre cuento y cuento, van pasando
en furioso tropel los Epifanios Hernández,
como centauros amparados por la sombra
de un bosque de fusiles.

Pero se calla la mulata vieja
la parte dolorosa de la historia.
No concreta si aquellos montoneros
asieron el ideal con que soñaban.

Por causas que ya están a pleno día,
conocidas por hombres de buen seso,

oculta el pleito de los Epifanios
con los Hernández, a machete limpio.

No cuenta que se han negado el habla;
se matan en la aldea, en el camino;
que se destruyen por ideales falsos
y mueren por banderas mentirosas,

Y que en el colmo del coraje odioso,
marchan a las matanzas colectivas
en partidas de Abeles y Caínes,
mandados por caciques más que bestias.

Por caciques bestiales manejados
en su caso por los concesionarios,
amparados a su vez por los poderes
de su Nación, que vive de lo ajeno.

Guarda silencio sobre cien acciones
de muerte entre Epifanios con Hernández.
A nadie explica lo que hubo en Namasigüe
ni a qué vinieron los acorazados.

Vieja malvada, que no le dice al pueblo
que carecemos de historia nacional,
porque todos los hechos de la Patria
son reflejos de lo internacional.

Los Epifanios Hernández no serán
en la existencia lo que deben ser
mientras no sean exportadores de hechos,
cesando la importación del bandidaje.

¡Y han de exportar! ¡No cabe el pesimismo!
Pero antes han de hincar en gruesa arena
a los nativos que actúan como extraños
y a los extraños que fingen ser nativos.

V

¿Verdad que hay piedras que cantan en Honduras?
Las piedras de Mocorón dicen que cantan.
Y aquellas piedras le cantan al viajero:
reforma agraria, independencia y paz.

¿Verdad que hay fuentes extrañas en Honduras?
La Fuente de la Virtud es una de ellas.
Es un chorro de sangre que repite:
reforma agraria, independencia y paz.

¿Verdad que llueven peces en Honduras?
Dicen que en Yoro suelen caer del cielo.
Y esos peces, brincando, dicen claro:
reforma agraria, independencia y paz.

¿Verdad que hay ríos áureos en Honduras?
El Guayape, el Mangulile y otros muchos,
entre selvas van gritando hacia el Atlántico:
reforma agraria, independencia y paz.

¿Verdad que hay montes altos en Honduras?
El Congolón, en comarcas de Lempira,
le dice a los nublados horizontes:
reforma agraria, independencia y paz.

¿Verdad que hay ríos violentos en Honduras?
El Choluteca es una espada al viento,
y al cortar cerros grita enfurecido:
reforma agraria, independencia y paz.

Los árboles del Paxil —el perfumado
Paraíso de los toltecas, en que reina el maíz,
padre del hombre— ratifican:
reforma agraria, independencia y paz.

La ceiba —árbol del mundo constelado—,
el nance, que tiene historia fabulosa,
el jícaro, el anono, el matasano:
reforma agraria, independencia y paz.

Las plantas que vinieron de otros climas:
la caña, el trigo, la cebolla, el ajo
y cien y cien entonan la canción:
reforma agraria, independencia y paz.

Los seres del Cayalá —otro Paraíso precolombino
en que es rey el gavilán, mensajero de dioses—
han votado:
reforma agraria, independencia y paz.

El pato, la gallina, el guajolote, la cabra,
el cerdo, el perro del pastor;
la cocina, el fogón, las ollas claman:
reforma agraria, independencia y paz.

Los animales grandes: el caballo, la mula,
el asno, el buey, la vaca mansa
que rodean la casa campesina:
reforma agraria, independencia y paz.

Pedro Ponce, que vive trabajando
por doce reales diarios en la hacienda de Pablo Diéguez,
siente estas palabras:
reforma agraria, independencia y paz.

Juan Carranza, que tiene un pedacito de tierra
allá en la vega y no le basta
para calmar el hambre de su prole:
reforma agraria, independencia y paz.

Carlos Jiménez, que vendió su yunta
para pagarle al prestamista aldeano,

dice en su jerigonza anonadada:
reforma agraria, independencia y paz.

María Cabañas, que llora a grandes gritos
la pérdida de un hijo en las Guanchías,
maldice, se atropella, pero entiéndase:
reforma agraria, independencia y paz.

Vicenta López, que perdió a su hombre
picado de un tamagás en la montaña,
quedando en desamparo, casi dice:
reforma agraria, independencia y paz.

Carmela Ruiz, que en el trabajo exhibe
dureza de varón, ya va mirando
el poco rendimiento y ya comprende:
reforma agraria, independencia y paz.

Las comadres que van a lavar ropa;
los campesinos reunidos en el patio;
todos hablando de otras cosas, dicen:
reforma agraria, independencia y paz.

Honduras, en su conjunto, está exigiendo
antes de todo y después de todo
la libertad del hombre en estos términos:
reforma agraria, independencia y paz.

Porque es el hombre la esencia, el fundamento;
la tierra y lo demás son agregados,
concertándose todo en este grito:
reforma agraria, independencia y paz.

Y es de peones en masa este reclamo
para que se abran las puertas de la dicha
y haya pan y haya vino y canto alegre:
reforma agraria, independencia y paz.

Venid poetas, artistas, escritores,
a clamar porque sea vuestro el cielo
en la abundancia, la lira y la belleza:
reforma agraria, independencia y paz.

VI

Pórtate bien, "mano" Epifanio Hernández;
que tu debilidad se vuelva fuerza.
Es mentira que seas desdichado;
en tu presencia humilde hay todo un hombre.

Sólo ideas le faltan a tu vida;
orientaciones sanas y seguras,
para que brinque en tu pecho poderoso
el corazón valiente de los héroes.

Morazán habría sido un anodino
vendiendo manta allá en Morocelí.
Pero leyó, observó, sintió entusiasmo
y no ignoras que lo besó la Gloria.

Si no sabes leer, aprende, hermano.
Siembra la milpa y a la vez estudia.
Estudias y a la vez siembras la milpa.
Luego verás el sentido de la vida.

Que existen los dolores, eso es cierto.
Cierto, hermano, que existen los dolores.
Pero el hombre que alcanza la victoria
sobre sí mismo, es superior a ellos.

Y me despido porque se hace tarde,
y más tardada esta canción agraria.
He de concluir, noble Epifanio Hernández,
con prosa en verso de José Martí.

Con prosa de Martí que en esta carta
que te dirijo tiene sonsonete.
Ritmo y rima le llaman los verseros
a que someten sus divagaciones.

Oye lo que decía de tu Patria,
José Martí, libertador de Cuba.
Aprende de memoria sus palabras
y dilas en Orica sin temores:

"Honduras es un pueblo generoso
en el que todos debemos tener fe.
En sus pastores hay poesía de cumbres.
En sus zagalas, pureza de las flores.
Existe allí un espíritu volcánico
que pondrá fin al señorío del feudo.
Los labradores sin palabras piden
los beneficios de un estado nuevo.
En la Universidad revientan rosas
que ensayan un lenguaje de alborada.
Saldrá de allí el rayo que fulmine
la vieja arquitectura patriarcal.
Al abrirse los ojos de los hombres,
ya nunca más se cierran en la vida.
Fervor de pueblo joven tiene Honduras
por ser más libre con premura de ala.
Que haya en aquella Arcadia luz agrícola
en la escuela, en el campo de cultivo.
La una enseñe las partes del arado.
El otro se haga valer con ancho surco.
Quien quiera pueblo, habitúe a los hombres
a sembrar la simiente, a crear cultura.
Que en el trabajo está la independencia
social y nacional de nuestras Patrias.
Poco ha sufrido Honduras de tiranos
por ser sus hijos de la Naturaleza.
Si los sufriera, seguro que en la sombra

los mismos padecimientos por el logro
de la preciosa libertad generan
el indómito brío de aquel pueblo
capaz de abierta lid con los verdugos."

Aquí termina el dicho de Martí,
quien entendía la reforma agraria
y cultural de Honduras como base
de su grandeza y de su libertad.

VII

Quisiera estar en el País de Huey,
junto a los templos de Huehuetlapallan,
conversando con Epifanio Hernández
sobre tierras, cultivos y mil cosas.

En especial, sobre la conveniencia
de continuar el esfuerzo de los mayas
y los toltecas, sabios cultivadores
en comunas inmensas y floridas.

Sin preocuparse de cercos, servidumbres,
títulos, latifundios, concesiones,
que salan el trabajo campesino
y hacen salado el fruto cosechado.

Mas no es posible por las ataduras
que me retienen en Tenochtitlán.
Y al no poder, doy vuelo a estas palomas
mensajeras en dirección del Sur.
Que vuelen hacia Honduras (aunque Honduras,
como dice mi amigo Efraín Zamora,
de Danlí, empieza en la vega del Río Bravo
y acaba en la lejana Patagonia).

Y es verdad, con pequeñas variaciones,
si no ha operado la reforma agraria,

que es base del progreso verdadero,
base a su vez de independencia y paz.

Mas como dice el Chilam Balam,
libro mágico de lumbres sibilinas:
"Un día será nuestra la justicia
para tratarnos todos con grandeza".

Adiós, Epifanio Hernández, compatriota.
Recuerdos a la familia, a los amigos,
labradores de Orica, por ser ellos
sal y esperanza en el País de Huey.

VOLANTE PROLETARIO

1

Gabriel, Cornelia, Catalina, Lucrecio,
oíd la historia de Juan Pablo y Manuel.

Ellos no crearon lo que ya estaba creado.
Tampoco dieron nombres a las cosas nombradas.
Simplemente vieron la relación de los hechos
con los vocablos de su designación.

Aquí en Honduras, repitieron un canto ya cantado.
Pero fueron los primeros en cantarlo,
a dúo, bajo el eterno sol maya-tolteca,
frente al eterno mar de los descubridores.

Por eso, después que han muerto,
después que han pasado tantos años,
buscadlos de noche en los signos de la Primavera,
en el Zodíaco.

Y miradlos alegres,
el uno al lado del otro,
como dos niños al borde de un alto río,
en la constelación de Géminis.

2

Juan Pablo Wainwright (necesidad de ser justo)
venía de la Primera Guerra Mundial.
De la invencible Armada Británica.
De la fallida sovietización naval.
Venía de las terribles zonas de la muerte
y de la revolución.

Manuel Cálix Herrera (sin historia alucinante)
llegaba de los bosques de palmeras musicales,
de los campos bananeros,
de los pequeños puertos atlánticos.
Llegaba de las clavellinas
de la juventud y el ardor.

Piotr Tlich, un gigante exótico,
pelo rojo, delegado de la I.C.,

el Primero de Mayo
de 1927.

Después los reunió
con Agustín Farabundo Martí, de El Salvador;
Adrián Salguero, de Guatemala;
Arturo Vega, de Nicaragua,
y así formó el estado mayor
de Centro América.

Pedro Ilich conocía las artes mágicas de Merlín,
Al buscarlo la policía por exótico,
en el cuarto de hotel no halló más
que unos zapatos viejos.

3

Juan Pablo y Manuel gritaron con fuertes pulmones
a los cuatro vientos:

¡Proletariado!

El grito dual retumbó en el cauce de los ríos,
en la esmeralda de los bananales,
voló en las ráfagas del mar.

Empezaron a llegar los peones de las fincas,
los mozos de los muelles y los barcos,

curiosos, sudorosos, rudos, casi brutales.

Preguntaron, comprendieron
y enfilaron a sus centros de trabajo,
sabiéndose proletarios.

4

Manuel y Juan Pablo volvieron a gritar
a los cuatro vientos:
¡Sindicato!

En tropel vinieron los mismos trabajadores,
hombres, mujeres, jóvenes,
vinieron, curiosos, sudorosos, rudos, casi brutales.

Preguntaron, comprendieron
y retornaron a sus lugares múltiples,
sabiéndose sindicalistas.

Prendió la fiebre de organización en todos.
Eligieron valientes directivas.
Lucharon por sus derechos.

5

Juan Pablo y Manuel volvieron a gritar a los cuatro vientos:

¡Club revolucionario!

Los mismos más otros llenaron los senderos,
jóvenes, mujeres, hombres los llenaron,
curiosos, sudorosos, menos rudos,
menos brutales.

Llegaron a preguntar a qué se daba
el nombre pronunciado y qué función tenía
en las luchas proletarias.

Les dijeron y dieron vuelta satisfechos
de saberse dirigentes revolucionarios.

6

Manuel y Juan Pablo volvieron a gritar a los cuatro vientos:

¡Partido del proletariado!

Llegaron en tropel los más valientes
con cantos de victoria que inventaron,
siempre curiosos, siempre sudorosos,
ya sin ser rudos, ya sin ser brutales.

Llegaron a saber cuál era la consigna
para empezar la organización partidaria.

Les explicaron y salieron veloces
como los relámpagos
a crear su partido de clase.

7

Juan Pablo y Manuel volvieron a gritar a los cuatro vientos:

¡Huelga general!

Los trabajadores no se movieron
de sus centros de trabajo.
Cortaron en redondo el proceso
de producción agrícola y fabril.
Se quedaron para retener los trenes,
para impedir el viaje de los barcos,
organizando mitines, pronunciando discursos,
regando octavillas,
riendo con alegría
de la novedad que hacían en la Costa Norte.

8

¡Esto no puede ser ni seguir! dijeron los gerentes
y los superintendentes, y llamaron a los coroneles
y a los generales, y sonaron las ametralladoras
con golpes secos en el pecho de los huelguistas.
Aquel festín infernal corrió de la Costa Abajo
a la Costa Arriba, para impedir la marcha
de la historia y llenar el buche
de los zopilotes.

Lo mismo sucedió en El Salvador.
Agustín Farabundo Martí fue fusilado
en medio de una carnicería
de treinta mil obreros y campesinos.

Lo mismo sucedió en Guatemala.
Adrián Salguero fue cazado cual tigre,
y así la temible Montada Rural introdujo
la espantosa Ley de Fugas.

Lo mismo sucedió en Nicaragua.
Pero allí estaba Augusto César Sandino
con su guerra de guerrillas segoviana,
enfrentado a los almirantes del imperio.

No caben las frases huecas,
ni las metáforas de la poesía burguesa,
ni los retruécanos de las escuelas anarquistas.
Eso fue, simplemente, en el comienzo
de la lucha de clases que sigue y seguirá en acción
hasta culminar en la dictadura del proletariado.

Así empezó la historia verdadera
de la clase obrera centroamericana
en torno a la década veinte
del siglo actual.

Juan Pablo murió asesinado por lo que amaba.
En la Penitenciaría Central de Guatemala,
susurró desdeñoso: "Quiero decirle un secreto
al presidente Jorge Ubico en persona."

Llegó en motocicleta el Napoleón de trapo
a conocer la confidencia del bolchevique.
Juan Pablo díjole: "Es para escupirte
la cara, baciniquero de las compañías."

Con un gargajo le bañó los ojos y la jeta.
Los guardaespaldas lo acribillaron a balazos.
Así terminó aquel hombrón de la revolución.

Manuel murió tuberculoso por lo que amaba.
Lo encerraron en un sótano del Castillo de Omoa.
Cuando lo vieron con vómitos de sangre,
por temor al bacilo lo arrojaron de allí.

El joven de antes, alto, delgado, blanco,
se volvió un arco de mirada opaca,
que decía: "Esto ya va a pasar porque precisa
el Frente Único en contra del Fascismo."

Murió en su pueblo, en apartada choza,
estudiando la estrategia y la táctica
de Marx y Lenin.
Así acabó aquel hombrón de la revolución.

Juan Pablo y Manuel,
en horas de descanso y alegría,
solían recitar
los versos de Chernichevsky:

"No busquéis la aprobación
en la dulzura de los elogios,

sino en la expresión
de los odios feroces."
Allá están, miradlos, inapagables y eternos,
en la constelación de Géminis.

Y el proletariado aquí está,
con su conciencia y con su decisión,
haciendo historia humana y estelar.

Oíd, que de su masa, capaz de crear auroras,
de su centro vital se alza un potente canto,
que sube a las galaxias infinitas:

"Arriba los esclavos del mundo,
en pie la escarnecida legión.
Atruene la razón en marcha,
que es el fin de la opresión."

POETAS

EL TAMARINDO DEL COLEGIO

Después de larga ausencia, en que el recuerdo
como un martillo me golpeaba a diario,
invitando al retorno presuroso,
he vuelto a las colinas matinales.
Ah, dulce adolescencia, veo a Manuel
con su libro de siempre, a Federico,

se reaparecen mis lunarias novias.
Y sin tardar, con instintivo impulso,
visito el tamarindo del Colegio.

Está lo mismo...

Poco ha cambiado en su conjunto prócer:
tronco rugoso, de sombrío follaje,
lleno de flores, próximo a dar frutos,
para ofrecer regalos agridulces
a la traviesa muchachada de hoy.

Este es el árbol

que aquella juventud de fin de siglo
quiso tomar de punto de partida espiritual
en prestigiadas rutas,
y que partió en tropa bullanguera
a lides de fracaso y de victoria.

Este es el tamarindo

que fue amigo del grupo escandaloso
de mi generación; que daba vivas
al general Sandino; daba mueras

a los marinos yanquis, y aclamaba
el reto de Darío en la Oda a Roosevelt.

Guardo silencio
de un zodiacal minuto...

Y de pronto, maestro esclarecido
me invita a verso, al lírico saludo
de escogidas imágenes nativas,
sin darse cuenta que en mi sangre hierve
un delirio de estrofas caudalosas.

II

Es viejo el tamarindo del Colegio;
por viejo sabe más que los archivos.
Pero nadie le arranca el testimonio
de antañonas tragedias regionales:
incestos, adulterios, homicidios
por herencias de tierras y ganados...

Y a quien le hace preguntas atrevidas,
recurre al viento para replicarle
con las voces de un himno que se encumbra
a la luz del cenit, alma del día.

A nadie ha dicho

que vio pasar al blanco Misionero
anunciando un horrible Apocalipsis:
el hambre en las aldeas, y la guerra
de casa a casa, y la implacable peste
en las comarcas, y, por fin, la Muerte.

A nadie cuenta

que en la guerra social contra los diezmos
y las primicias del 65,

en medio del horror de la ahorcancina,
colgaron de sus ramas con "bejucos
de corral" numerosos campesinos.

Menos revela

que vio un día pasar a Cinchonero
en una yegua negra, asustadiza;
al bandido en las gacetas oficiales;
al héroe en la leyenda de los llanos,
narrada siempre en torno a las fogatas.

Nadie le arranca
la extraña relación de aquel hidalgo
que pidió esposa; resultó su hermana;
desesperado descendió a los vicios;
penitente fue a Roma y, de regreso,
alcanzó jerarquías obispales.

Mejor que sea así...

Que viva el tamarindo del Colegio
en el silencio oscuro del Asvata,
árbol cósmico de la India fabulosa,
alimentado de limos del abismo
y florecido de astros infinitos.

III

Quienes fuimos y seguiremos siendo
afirmativos en escuadrón de Ilíada,
con el auxilio de este tamarindo,
sabio como Quirón, aquí aprendimos
a amar el Cosmos, la vida multilátera,
la sociedad pugnante, el pensamiento
seleccionado, el ideal contemporáneo,
la acción creadora... Aquí nos inspiramos,
después nos despedimos entusiastas

para seguir sembrando el optimismo.

¿A qué buscar sistemas filosóficos
en los confines, en vuelos atrevidos,
tocando ínsulas, buscando continentes
donde hay sabios como constelaciones...?
Aquí Domínguez recordó a Lucrecio
en el prodigio del Himno a la Materia,
donde los cóndores de sus endecasílabos
dan fe de lo infinito y de lo eterno...
Y así la juventud halló el secreto
de la objetiva verdad del Universo.

¿A qué buscar doctrinas sociológicas
que impresionen por el atrevimiento
de sus nociones reales o ficticias
sobre el Género Humano, en viaje siempre...?
Aquí Guillén Zelaya, augur y artista,
en La Espiral de la Historia dejó dicho
que es el lucro el que engendra la discordia
y la funesta guerra de exterminio;
pero que un día acabará ese daño,
llegando a ser la Humanidad feliz.

¿A qué buscar el numen que estimule
la voluntad en otras latitudes,
si arriba alumbran las estrellas mayas
y abajo están los muertos inmortales...?
Aquí Turcios, poeta en prosa heroica,
con grito propio de jinetes ásperos,
vivió exigiendo a la América Latina
acción conjunta, fuego endemoniado,
hasta abatir el coloniaje impuesto
por el imperio del dólar y el garrote.

He de agregar, la poesía es captación
de la belleza real de cuanto existe,

en órfico movimiento permanente,
expresada en lenguaje esclarecido,
en polo opuesto a la fealdad profusa.
Ellos cantaron en los días, en las noches.
Ellos, como los dioses, castigaron
a aquellos que traicionaron la Cadencia...
Ellos son los mentores... Alegrémonos
por conocer el arte de los rumbos.

IV

Amado tamarindo del Colegio,
que la salud te asista a toda hora
bajo este sol de alegre luz nativa,
sobre esta tierra de corrientes lácteas.
Necesario es que existas largamente
con tus cofres colmados de secretos
regionales que valen más que el oro.

Preciso es que domines los centenios,
Demócrito vegetal, maestro silente,
en medio de juventudes renovadas.
Debes llegar sin pactos como Fausto
a firme duración de largas épocas
para ver sociedades superadas.

JUAN RAMÓN MOLINA

I

Villa Delgado, en Cuscatlán fragante,
alcanzó nombre que el pregón repite
al jazmín de los hielos hiperbóreos,
al clavel de la aurora renovada,
al corindón del rumbo de las ñustas,
al cuarzo ensangrentado del Ocaso.

Lo sabe, pues, el ballenero nórdico,
el cauto indígena de las nacientes islas,
el minero de australes paralelos;
nadie dude su fama bien lograda,
porque es un nombre de geografía poética,
de mapa dibujado en el espíritu.

Villa Delgado y Juan Ramón Molina se desposaron —raro desposorio—
en el instante que la aldea cantaba
la canción de la vida en las chiltotas
y el poeta dejaba caer la lira,
rotas las cuerdas en el empedrado.

Una mujer del pueblo, conmovida, me dijo:
"—Venga a ver... esta es la silla... esta, la mesa...
aquí tengo la copa... Fue un solo sorbo
y apoyó la frente... Yo lo creí dormido...
estaba muerto... Perdone usted... perdóneme estas lágrimas..."

Pasado un tiempo, se limpió el rocío del alma
con el blanco delantal, y confesó:
"—Yo soy Rosario Santos, que en mis abriles
fui miel de trapiche en barro de Ilobasco,

enloquecida de amor por quien amaba
más la muerte..."

La hija de Eva, la apasionada hermana
de María de Mágdalo, siguió:
"—Le ofrecí nardos, le ofrecí palomas
de sacrificio, y no miró mi ofrenda...
Fue un dios despreciativo arrebatado
por amores de reinos musicales..."

II

Somos hombres, hermanos.
Como hombres, publiquemos el crimen soterrado.
Somos hombres. Digamos como hombres
que no hubo negra idea de matarse.
Somos hombres, hermanos.
Como hombres, denunciemos las garras homicidas.

¡Jueces! Del fondo de los siglos nace
la voz de Píndaro, de Virgilio, de Petrarca,
de Íñigo López, de François Villon,
de Manrique, de Sor Juana, de Cetina,
para quemar con lava incandescente
a la clase social que lo aplastara.

Cetina admira: "—Fue rico su nectario."
Sor Juana alaba: "—Amó, y está salvado."
Jorge Manrique: "—Veía soles negros."
Y Santillana: "—También dejó letrilla
para su serrana, rosa y piña,
bella y donosa en el jardín de Honduras."

Villon gritó: "—¡Bandidos, a la horca!"
El Petrarca: "—Son fieras sin amor."
"—Les falta humanidad," rimó Virgilio.
"—Ignoran a las Musas," cantó Píndaro.
Y agregaron a coro: "—Lo mataron

para impedir el Himno que libera...

"Habría ofrecido el Himno de la patria,
porque el poeta nace para el Himno.
Para cantar al pueblo que trabaja,
haciendo de la moral justo reparto.
Para cantar en él la paz dichosa.
Para cantar en él la guerra justa.

"Y habría agregado canciones y elegías.
Canciones para los que aman entre rosas.
Elegías para los viajeros al silencio.
Canciones y elegías bienhechoras,
por ser un bien la Vida, un bien la Muerte,
dos notas entusiastas en el Cosmos."

III

¡Vaya, pretores, que culpan a la víctima
y le dan la razón al victimario!
¡Que hacen burla de aquel que fue mordido
y encomian el veneno del coral!
¡Que le llaman justicia a la venganza
y toman por derecho el atropello!

Apolo sabe que Juan Ramón Molina,
cincelador del verso, tuvo en contra
al grupo adinerado, al que gobierna,
engorda el cuerpo, sacia el apetito,
odia el espíritu y odia sus valores:
santos, héroes, artistas y poetas.

El tendero Shylock le impuso un día
labor de siervo en que sudara sangre,
más diezmos espirituales bien contados
y primicias literarias escogidas.
Tegucigalpa, San Salvador conocen
los trabajos forzados de su lira.

Nuevo Caín, sin sangre de otro Abel,
fue perseguido. Como los condottieri
seguían con perros a sus enemigos
hasta cazarlos, así lo persiguieron.
En tanto él —como el león o como el oso—
buscó la libertad de la caverna.

Confesión turbadora: así llegó
a la blasfemia épica de Byron,
a castigar los hombres de oro y mando
con el sarcasmo lírico de Heine.
Y amó el dolor profundo con Leopardi.
Y fue sombrío como Baudelaire.

IV

No prosiguió el camino tenebroso
que va a los reinos del eterno llanto
de que habla Dante. Se volvió contrito
al hogar, al vecindario, a las corolas,
al bienamado río, a la mujer azúcar,
a la patria hondureña, orfeón de pájaros.

Fue así que un día buscó el amor divino
con letanías que aprendió de niño.
Quiso salvar su alma del Demonio,
del Mundo y de la Carne con cilicios.
Cantó la Antífona con un profundo acento
como el de los cantores gregorianos.

Y en vano deshojó la rosa mística
para alcanzar la bienaventuranza...
La respuesta lograda fue el silencio,
y siguió más que Job en sufrimiento,
viendo en la Tierra lobos y no hombres,
suponiendo en el Cielo ángeles sordos.

No ha habido hombre más sombrío que él.
Noche en su espíritu, noche fuera de él.
Caminos fantasmales andaba él.
No hacia cumbres, hacia abismos iba él.
Gente que lo abrazaba, gente infiel.
Quien le ofrecía amistad era Luzbel.

Adán pecó. Lanzado del Paraíso,
llevaba a Eva. ¿Qué más? ¡Si era el Edén!
Con todo, Cristo vino —dice el teólogo—
a lavarnos las manchas y a salvarnos.
¿Sería horrible que Juan Ramón Molina
fuera en el caso la única excepción?

V

Lamentémonos, hermanos, la desgracia
de haber perdido al embajador de Apolo,
que vino a hacer poesía con recursos
del hondureño espíritu; y que vino,
como augur, a mostrar la senda exacta
que lleva a la victoria y a la gloria.

Mas no lloremos como los hipócritas,
que está presente en la mañana verde,
en la substancia, en las formas naturales,
en las germinaciones, en las palpitaciones,
en cualquier niño que recibe el pecho
de tierna madre que nació en Honduras.

Llegó el final... Y para despedirnos,
vengan las cráteras y el grito de Dionysos:

¡Arriba el nombre de Juan Ramón Molina!
¡Arriba, muy arriba, hasta la Gloria!
¡Abajo los victimarios del Poeta!
¡Abajo, muy abajo, hasta el Averno!
¡Viva la Lira!

¡Viva la Belleza!
¡Viva el Amor!
¡Viva el Entusiasmo!
¡Viva la Musa!
¡Viva la Esperanza!
¡Viva el vidente de "Águilas y Cóndores"!

SALATIEL ROSALES

Haya fiesta en los árboles, del jilguero y del chaco;
en las chozas que soplen las flautas de carrizo;
resuenen los tambores con su golpe macizo,
porque ya se oye el grito del legendario guaco.

El guaco —lo sabéis— es viejo mensajero
de indígenas deidades que ni la brisa nombra;
pero que siguen firmes y mandan de la sombra
honras para el cantor en el prosar severo.

Que sean éstas unánimes en dispersos bohíos
clavados en llanuras de lejanía brumosa;
cabe selvas cerradas de vida penumbrosa;
próximas a los saltos de bramadores ríos.

Que diga frases dignas el orador del rito;
y exagere si gusta, que en ello nada pierde,
pues lo merece todo el relámpago verde
que es Salatiel Rosales en nuestro propio mito.

Él es el escritor en función necesaria;
entre los más insignes, el de extraños fulgores,
aunque reine el olvido en sus continuadores
o dolosos oculten su gloria literaria.

Abundan los negadores con gesto displicente
al verlo triunfador del teólogo consagrado;
los que envidian su fácil estilo insuperado
y su sabiduría en el tema eminente.

¿Quiénes son? Los artistas de los juegos florales;
los que no faltan nunca al festín del Gobierno;
los Petronio que brindan con el viejo falerno
y aplauden las mayores demencias imperiales.

Los mismos que con el múrice y el nitescente
armiño,
se acercan con equívocos a la encumbrada Musa
para que les castigue por su intención intrusa
al genitivo oficio de aovar el desaliño.

Dejemos a los ruines... Nuevo Balam Quitzé,
en medio de altos montes y vendaval sombrío,
dio su fuego a estas gentes ateridas de frío
para que calentaran sus cuerpos y su fe.

Pudo haber afirmado que Prometeo es Tohil
en Autoctonia, el dios de la llama industriosa;
así como Deméter, la bienhechora diosa
de las mieses doradas, es la bella Ixcanil.

Porque soñó una América Latina substancial
con sus pueblos, sus valles, sus ríos, sus mareas,
dejando para los necios las ajenas libreas
que lucen en las ferias de ruido fenicial.

A él no le atrajeron Menéndez y Pelayo,
el arte de señoritos, la mística de España
en plan de reconquista con libresca artimaña,
jaleas que los niñotes saborean con desmayo.

Menos quiso aceptar el canon de Paul Verlaine,
que nautas mercaderes importaron de Francia,
si el perfume fabril es menos que la frangancia
que nuestros vientos libres nos dan en su vaivén.

¿Entonces? Como el autóctono plantándose en su peñol
y oyendo del subsuelo a inspirados mentores,
tuvo maestros propios, legítimos cantores
en dos: Huallparimachi y Nezahualcóyotl.

Llevaba lección de oro en su clara conciencia,
de donde le subía a la radiosa mente
lista para expresarse con el fulgor ingente
de un arte soberano, plural en la sapiencia.

Y allí, firme y seguro, devoto en sus tareas,
fue el escritor gentil provisor de otras normas,
en la renovación del fondo y de las formas,
modelando al novísimo literato de ideas.
Y henos en el final... al menos, por ahora.
Si hay poetas en prosa, lo fue Salatiel Rosales.
Si pensadores líricos, apreciad sus fanales.
Si elegidos del cielo, lo amamantó la Aurora.

Para que no se diga que desolada historia
habemos en estas cumbres de ásperas aristas.
También aquí florece el mirto de los artistas.
También por aquí pasan los hijos de la Gloria.

BARBA JACOB

¡Poetas...! No digáis que los hubo en la América de siempre,
si en la página de los más prominentes
omitís el de aquél de la rural presencia
que le caía en desorden el pelo sobre la frente
al sacudirle el numen de zodiacal influencia.

Alto, seco, huesudo, locuaz, indiferente,
dijérase un dios indio venido a actuales épocas
a revelar misterios de pétreos calendarios
de la oculta Autoctonia, con palabras tan rútilas
que huían en derrota viejos vocabularios.

El día en que teúrgico elevaba el acento
para ser un torrente lírico sin rival,
ajeno a la mancilla de modas pasajeras,
imponía el arrobo en cuantos escuchaban
sus naturales músicas que recogía en las eras.

Y si pedís más pruebas de su misión transeúnte,
diré que en estos agros ingenuos, reprimidos,
al ver espina y lágrima se hizo cantor del hombre agobiado;
y volviéndose un Simón de Cirene,
cargó con su madero y su dolor sin nombre.

Pasó lleno de vicios... Légamos en el astro...
Fue por veras errátiles... pleno de endecasílabos
melódicos que diéranle las lluvias y el palmar.
Y al ser vidente, intuía la infinitud del mundo
con un fluir sin origen que nunca ha de cesar.

¡Barba-Jacob! Campánulas por querendón de Honduras,
central y alta en América con su polifonía.

Honduras, otra Antioquia, "vigorizó tu aliento"
y acaso agregó números al son de tu poesía
esdrujularia y fácil y libre como el viento.

EDGAR ALLAN POE

1

¡Oh poeta! Si el querer de las almas soñadoras
—que son tantas— se volviera firme ley,
en tal forma que los hechos más notables,
los insignes, no estuvieran como están,
yo, ardoroso, te quisiera como gloria indiscutible
del solar País de Huey, que contiene con orgullo
los remotos nobles restos silenciosos de Copán,
en que magos pre-científicos, con sus cálculos profundos,
ya buscaban a Leucipo y a su ciencia de los átomos,
luminar de los milenios por su fondo material.

2

De ser ley este deseo,
de ser ley inexorable,
de nacer con tu esplendor en esta tierra,
sería máximo el afecto en las almas singulares,
una tierna, una empinada adoración
por la magia de tu arte con sus ritmos y sus rimas,
y por todo, sin reserva, lo que encierra
tu poesía misteriosa, fascinante y resistente
a los golpes renovados del turbión,
por hallarse cimentada en la ciencia de Demócrito,
que no admite otro principio,
con sonriente intransigencia y aguerrida decisión,
que no sea el material.

3

Mas, ¿qué importa que vinieras cual viniste
en el brumoso y glacial País del Norte,
si eres flor de todo clima, sinfonía del planeta
y emoción de toda raza,

y no hay nada, en ningún tiempo del presente o del futuro,
que tus méritos acorten,
si te mueves y te vemos en la marcha hacia el mañana
en las filas revestidas de coraza,
tremolando los pendones de Epicuro de Garfecio,
el augur de los principios victoriosos,
en que todo lo del Cosmos, desde el cuerpo más grosero
hasta el alma tan sutil, es material.

4

Yo diría, sin hipérbole —porque sobra en el momento—
que un poeta tan auténtico y brillante
como lo eres en tu estirpe, sólo surge a las cansadas,
en la cima —si se quiere— de un centenio,
como surgen con las épocas, en las rocas sepultadas,
los cristales rutilosos del diamante,
si es verdad que es imposible que en un tiempo limitado
aparezca un alto genio
que produzca arrobación, si ese genio trae los rayos
destructores de Lucrecio,
que fulminan a los dioses, inventados para ofensa
del principio material.

5

¡Oh poeta! Reconozco tu dolor inenarrable
al perder a la sin par, la bellísima Leonora,
si el amor que te inspiraba se salía de los límites,
no cabía en definiciones;
y en un caso como el tuyo, el pesar es larga noche,
una noche inacabable, aterradora,
en que no hay ningún consuelo y las voces confortantes
son vacías, son ingenuas expresiones,
si se entiende como tú, grave alumno del gran Thoth,
que es ficción el más allá,
siendo sólo cierto ese algo infinito, eterno, móvil:
lo absoluto material.

134

6

Los simplones, los creyentes en promesas mitológicas,
buscarían a Leonora en los orbes ilusorios
de anticuadas metafísicas, de roídas teologías,
presupuestos relegados por doctrinas superadas,
porque es fácil a las mentes perezosas y cobardes
desoír de su natura los mandatos impulsorios
de marchar siempre adelante con afán inquisitivo
y no creer definitivas las verdades alcanzadas.
Que si alguno, con vigor, sube a cumbres nunca holladas,
desde donde ve horizontes lejanísimos,
está bien que lo coronen y lo aplaudan, pero entienda
que es pequeña su conquista en lo absoluto material.

7

Por poeta, por artista o por órfico capricho,
con el lírico arrebato de tu verbo,
cuervos tocan a tu puerta en alta noche sacudida
por las ráfagas del áspero Aquilón.
Abres presto, temeroso, y no encuentras más que sombras,
y al final, por la ventana, vuela un cuervo
que se posa sobre el busto de Atenea y, en seguida,
viejo y tétrico en tu feérica mansión,
da respuesta a tus preguntas con una única palabra,
un horrísono graznido filosófico,
en que niega religiones, ultramundos y deidades,
como dueño de la ciencia material.

8

Ese cuervo que en tu canto funerario es ominoso,
porque finges que procede del infierno,
y lo pintas con colores tenebrosos,
al querer que se le vea con espanto...
Yo, poeta, he sonreído ante tu gracia
de querer que infunda miedo un ser eterno,
que ha llegado del abismo de los tiempos
con las alas y los bálsamos de un santo.

Pues no es cierto que haya Vedas, Zend-Avestas,
Pentateucos, Evangelios y Coranes,
que te digan lo que dice ese profeta:
que la gloria es exclusiva del principio material.

9

Tú lo sabes, y lo entiendes, y lo cantas prevenido
de los juicios de ignorantes y malvados,
que vigilan y defienden las mentiras milenarias,
mercancías que acrecientan su caudal,
y que, al ser acuchilladas, confundidas, derrotadas,
forman grupos y escuadrones bien armados
para ver si reconquistan las ciudades ya tomadas,
con el fin de restaurar el poder tradicional.
Pues no hay nada que le teman en el suelo
como que haya quien destruya el ultracielo,
y revele ante los pueblos lo Absoluto:
un océano sin orillas, el principio material.

10

De los antros iniciáticos en que Hermes Trismegisto
saludaba a la materia con su eterno movimiento,
vino el cuervo, viejo oráculo, que a los tímidos espanta,
a calmar con la verdad tu fatídico dolor,
y a decirte en la alta noche, en el frígido diciembre,
un concepto renovado del temido sufrimiento:
si se truecan los misterios en verdades evidentes,
si terminan lo que llaman los enigmas del amor.
Tú has alzado con tu genio el tremendo velo de Isis,
y al alzarlo has conjurado las ficciones cultivadas:
los Infiernos, Purgatorios, Paraísos, los Empíreos,
fantasías que ocultaban la Materia original.

MUJERES

CANCION DE VICTORIA LOPEZ

Cinco años me esperaste, dulce Victoria López.
Cinco años amorosos, la barbilla en la mano,
formando alegres sueños, imaginando dichas;
o soportando inquieta el fragor de la carne,
el martirio envolvente, la vigilia ardorosa
de la virgen que quiere frutecer.

Vital o falleciente, puntual como un axioma,
cuidabas los jilgueros y las floridas matas.
Nacida entre devotos, adornabas los santos
con guirnaldas silvestres.
Criada entre afanes diarios, tus manos cariñosas
amasaban el pan jugoso como el mundo.

Tus tías —nuestras tías—
cofres de tradiciones circunspectas,
en el hondo silencio de la mansión adusta
alentaban tu risa de argentinas vehemencias
o graves reprendían tus continuos desmayos
crepusculares, negros.

—Espera —te decían—, que será todo un hombre;
espera a ser la esposa del mejor de la casa.
Tú de la luna el alma, tú del sol el torrente
de sangre que dialoga, tú me esperaste siempre
firme o deshilachada,
animosa, cobarde.
Por fin llegué una tarde, dulce Victoria López.
En coro me anunciaron los perros familiares.
Corrieron los chiquillos gritando mi llegada.
Hubo abrazos y lágrimas, sorpresas y reproches.
Me habló el corral añoso con su olor a vacada.

Me hablaron los caraos con su sombra indecisa.
Me hablaron la cañada y el río y la llanura
y los claros confines y los cerros azules
y las nubes distantes
y el aire y la luz.

Y noté sorprendido que en aquel casto júbilo
de saludos humanos y de saludos cósmicos,
tú no dijiste nada,
oh heroína,
oh prima.

Viniste hacia mi encuentro,
tus contrarias corrientes íntimas
sometiendo a rígidas disciplinas.
Una mujer entera, una real hembra en todo.
Una maravillosa concreción de virtudes del Cielo
(y de la Tierra).

Vi de tu madre el alma transida de estelares
y de imprecisas nébulas.
Vi de tu padre aquella crudeza indomeñable
que en caballo guerrero asaltaba vecinos,
multiplicando haciendas.
Tú, bella y resignada, estampa de la espera,
tú no dijiste nada con tus astrales méritos
y tus ancestros ciegos.
Y seguí mi camino porque así estaba escrito.
Peregrino del mundo, pasé por la casona
de mis antepasados.

Estrellas me llamaban.
Horizontes clamaban por la prisa.
Los barcos, los aviones esperaban.
Los meridianos arrastraban
como imanes fatales.
Dulce Victoria López,

fuerzas incontrastables y tremendas
convergen y divergen en lo eterno
y en lo infinito de lo Absoluto.
Las fuerzas divergentes nos negaron
nuestras nupciales dichas, nuestros sueños alegres
en el lecho de cedro con albos cortinajes
o al viento, en la sabana temblorosa de lumbres,
allá en la casa antigua que dio terribles hombres
y reales mujeres.

TREMOLO DE MARIA DE LOS REMEDIOS

En la subida de la montaña de Misoco
fue encontrado un hombre muerto a
balazos, desconocido en la comarca.
En las ropas ensangrentadas el juez le
halló esta canción, que leyó en voz
alta ante sus acompañantes, testigos,
auxiliares y arrieros de ganado.

María de los Remedios, niña invicta,
te he visto ya en las onzas españolas.
Fue en la casa apartada y centenaria
de un rico hombre amigo de mi abuelo.
En ellas se veían armas reales,
perfiles nobles y frases latinas.
—Esta es doña Isabel —decía una gente—.
—No —decía otra—, es la sin par Mercedes.
Hoy entiendo... eras tú... labrada en gloria
de lumbres y de timbres jubilosos.

María de los Remedios, y recuerdo
haberte visto en prosa parnasiana.
En el ritmo ligero del artífice
de imágenes, pasaste casi aérea.
Ibas hacia la dicha con sombrero
de paja fina y con un traje de éter.
Te seguía un lebrel a pocos pasos,
un animal hermoso que te amaba.
A la vez, en el cielo transparente
había idealismos de palomas cándidas.
Hoy entiendo... eras tú... en verbo sacro
que sólo admite sueños de belleza.

María de los Remedios, tu radioso
porte exige canciones rumorosas.

Se pasa uno las manos por los ojos
porque ciegas de clara y mañanera.
Tu manzanilla es buena para el alma
que agoniza en el llanto sin consuelo.
Infusión odorífera que enciende
fe sideral en las convalecencias.
De tu "bon vino" vale cada gota
un florín en el verso castellano.
¡Cómo te envidian las demás mujeres
que no llegan a tanto con sus gracias!
Con decir —si no es esto una blasfemia—
que te ven de reojo hasta los ángeles,
espíritus etéreos que no alcanzan
a producir la sensación del pétalo.

Sin embargo, de mí quiero decirte
que me haces daño con tu vino alegre.
Tus arcanas virtudes salutíferas
en vez de bien me insuflan arrebatos.
Has de saber que desde cierto día
hicísteme un orate, María de los Remedios.
En guerras ando, soy un guerrillero
en corcel volador henchido de ecos.
De crecerme la fiebre, he de robarte,
así se hundan los cielos y la tierra.

Nadie verá tu imagen escondida,
que serás un tesoro resguardado.
Acaso te verá Cristo piadoso
crucificado en una cruz terrosa.
Y con nobleza te verá Bolívar,
pero sin esperanza desde un cuadro.
Y quien quiera salvarte con audacia
morirá como perro junto al muro.
Por tu "bon vino", grato como el cielo,
he de pelear hasta en el mismo infierno.

Placer de que no vean mis amigos
ni enemigos tus prendas acabadas.
Dicha de ver el bosque atormentado
cuando no pases como el hada antigua.
Goce de ver a las convulsas nubes
inspirándose en fantasías inútiles.
Enloquézcame más tu manzanilla
que atesora florines, María de los Remedios.

FANTASÍA MATINAL

¡Oh, Don Ramón María del Valle-Inclán,
marqués de Bradomín!

Las alegres y ardientes lumbres del Día,
tan dadas a besar,
debían llevar nombres como Ana, Rut, Isabel, mis vecinas.
En mi fascinación siempre las veo
tomar cuerpo hialino,
unas veces preciso, otras que se diluye,
jugando al escondite.
De suceder que hay chicas inmensas en la luz,
con pechitos de azúcar,
ya les haré el amor con frases de Primavera,
olientes a bejucos floreados.
Y alabaré la discreción que hay en la sombra
del arrayán y de la grama verde.
Vuestra merced comprende esta matutina monomanía.

He de agregar,
las suaves y fugaces ráfagas de la Armonia,
que timbran el oído,
debían pasar llamándome Gabriel,
Mauricio, Edgardo,
con cariño.
Por su paso ligero diría: son muchachas
que huyen del noviciado.
Si quisieran entrar ingenuas, pueblerinas,
empujando las puertas,
sin espetar "Perdone...",
les diría —por ver su mohín malicioso—
que hacen bien en fugarse
de la monotonía ritual del miserere,

para buscar el canto
vital y resonante en el pecho del hombre.
Vuestra merced comprende esta peregrina fantasía.

Todo tiene sentido...
Señor Marqués, conozco su faunesca alegría
onírica en el arte.
Las crónicas refieren sus amores triunfales
con lumbres y con ráfagas.

Sólo dice: ¡Que se hagan cuatro hembras admirables!
y toman cuerpo vivo.
María es casi santa, despide un vagoroso
perfume de flor.
Inés rindió otro tiempo a los carabineros del rey.
Rosalía turbó los hábitos talares del prior de Brandeso.
En fin, la Niña Chole lo mantuvo encantado
en mundos de marihuana.

Qué fácil se desliza lo dicho por su merced...
y escribirlo, imposible.
Nadie venga con otros, que por algo Darío
lo llenó de sonetos.
El nicaragüense sabio en perfección artística
sabía lo que decía.

Más, vuelvo a que voacé inventaba admirables
señoras prejuiciadas.
Y todo para, en el símil, burlarlas
con arrogancia de fingidos linajes.

Si estuviera en llevar la música elegante
de alto nombre engolado...
En lucir unas barbas crecidas y jazminosas
de renovado Oseas...
En quedar mutilado en riña encallejonada
o en batalla naval...

Yo, que no llamo al diablo el Enemigo Malo
por deberle favores,
buscaría a su manera un nombre luceroso
para me engalanar.
Contrito pediría a los cielos de abajo
la barba de Ruy Díaz.
A falta de Lepanto, haría que el carnicero
me hachara la mano zurda.

Y no es vana exigencia, si en América somos
alfareros remotos.
En tinajas hacemos mujeres con sus cosas,
que sólo falta que hablen.
En cuanto a la escultura, en Copán una estela
es una flor de piedra.
Si vamos a la poesía, en ideogramas damos
el perfil de una Ixquic,
igual al de María Santísima de España,
que injurian los castellanos.

Sabemos engendrar indígenas de caoba,
pintarlas y escribirlas.
Mas como es ley humana la mezcla de las razas,
gustamos de las blancas.
En las primas auroras, si los conquistadores
violaban nuestras hembras,
nosotros, en venganza y repetidas veces,
pagamos en cacao.
Destruimos guarniciones, robamos españolas
y bogamos río abajo.
Al tiempo regresaban con mestizos pequeños,
rajados en la cintura.

Así es que, artista insigne,
me gustan sus mujeres tan reales que respiran.
Y una que me tocara en suerte y que llevara mi nombre,
¡sería el cielo!

Porque hay que mezclar las razas,
el barro con el clarión,
para que se realice el sueño de Natura,
amante del mestizaje,
que dará el Hombre-Dios, aquí en tierras
de América.
¡Lo juro por todos los ídolos de Nachán!

¡Oh, Don Ramón María del Valle-Inclán,
Marqués de Bradomín!

ROMANZA DE LAS ALMAS SUMERGIDAS

I

Siempre que llueve en forma permanente
sobre el tejado, el patio, los confines,
matizando de gris el gran conjunto
y de suave tristeza el alma humana,
componiendo una música constante
de un extremado fondo melancólico,
a mi memoria viene sin quererlo
—no sé por qué— el nombre de Lord Tennyson.

Nada más sé de él que fue un poeta
de un país áspero del helado Norte,
que, señorial, de pie, meditativo,
gustaba ver en la ventana antigua
deslizarse las aguas en los vidrios,
y así permanecía, dando crédito
más que a la sangre azul y al pergamino
a la tremenda vocación del arte.

Llueve... llueve sin punto de reposo
desde hace una quincena, a toda hora,
inundando los campos y aumentando
el caudal de los ríos regionales.
Y por si fuera poco este diluvio,
llueve y llueve con fría persistencia
hasta inundar con el plateado líquido
el valle entristecido de las almas.

¿A quién añoro? Son tantas inmortales
en mi mortal memoria reverente
que no podría decir cuál es más cierta
en la helada mañana de este día.

De joven —sigo siéndolo por dentro—,
amé a tantas y tantas me quisieron
que pasan una a una con sus gracias,
y a cada una le rindo mi homenaje.

Un pez del Río Tinto, del Wasprasni,
que nada con aletas espejeantes,
pero que tiene el pensamiento claro
del hombre no del todo sumergido...
Por sobre todas ellas me arrebata
Ofelia —no la de Hamlet, nada de eso—,
con cabellera de oro del Guayape,
mirada azul, con un conjunto de ángel.

Ella murió, por eso la recuerdo;
llovía, y era llanto aquella lluvia.
Siguió lloviendo, los ríos se salieron
de su cauce común, hubo desgracias
en toda la comarca... Aquella lluvia
que lleva frío hasta el confín del alma,
la designaban los indios albatuines
de Jinine, en su lengua misteriosa
y poética a la vez, con esta frase:
"Amaram siri kalam curatachama."

II

¿Pero qué digo? He vuelto a ver a Ofelia.
Murió y alienta vida en mi delirio.
Morir sólo es viajar de un punto a otro,
porque la vi en Siberia nuevamente,
en la ciudad de Irkusk, llevaba el nombre
de Natacha, era una niña, en sus cabellos
había oro del Lena y en sus ojos
el azul de las aguas del Baikal.

Le hablé a Natacha por creerla Ofelia,
y pronto Ofelia se borró en Natacha.
Quiero decir que me absorbió en tal forma,
que me ganó el hechizo de las nieves.
Hoy el viejo dolor se ha mitigado
y una nueva dolencia ha florecido.
Con el son de esta lluvia no hago más
que repetir: Siberia, Irkusk, Natacha.

Lluvia incansable, lluvia que no cesa,
propicia a los recuerdos imposibles.
Yo los hago en la querida Juticalpa,
dormida bajo un siglo de aguaceros,
que decía el poeta. Yo los hago
por Natacha, intangible siberiana
en lejanía inalcanzable ahora,
y repetir a los ariscos albatuines,
que al dolor por distancia inalcanzable
le llamaban, en voces de su lengua:
"Kiransalena ondora sorrimal."

III

Le daré nombre a este tiempo tan nostálgico;
en adelante se llamará Pluviana...
Sigue lloviendo, y se alza helado coro:

"De continuar el vándalo seremos
muy pronto cuyameles del Wampú..."
Yo oigo sin oír porque me hechiza
la severa figura de Lord Tennyson,
atento al silabeo de las gotas,
y hasta quisiera parecerme a él,
mas sin dejar el gran ancestro indio
de este País de Huey, inmemorial.
Pienso: —En verdad me matan los recuerdos...
Y luego, encarcelado, voy a Ofelia,
"amaram siri kalam curatachama",

y de regreso voy hacia Natacha,
"kiransalena ondora sorrimal."

LA VISIÓN DE IXMALOR

Fui a aquel país en nave en vuelo fácil,
sin ruido de ola, sin esfuerzo de ala,
hasta llegar a las fronteras últimas
a que han llegado los sueños más audaces
de los ahkines, de los visionarios
que anhelan alcanzar lo inalcanzable.
Seguí avanzando por especial impulso
interno de mi psique, favor claro
de no sé aún qué fuerzas bienhechoras
hasta alcanzar riberas matinales.

Allí se alzó una voz: "—Salve, poeta,
de especial privilegio; has arribado
al confín que se niega a los terrestres,
conviniendo premiar tu impulso enorme
con la sorpresa que tendrás en breve
en la región de lo Maravilloso..."

De inmenso júbilo me llenó aquel título
que se me daba en costas estelares,
más la promesa de algo extraordinario
que llenaría mi vida de esplendor.

Yo no sabría decir hoy, en retorno,
cómo es aquel país tan complicado,
que siendo material, no lo parece,
y obedeciendo a leyes uniformes,
da la impresión que se saliera de ellas.
La percepción es de cosas muy distintas;
la mente quiere ajustarse a nuevos juicios;
la lengua intenta expresarse en habla cósmica;

la voz es ritmo, formas y colores;
la acción es mágica, se hace lo admirable.

Lo más elemental. Porque mayores
sorpresas hay en aquel reino altísimo,
entre nubes de galaxias incontables.
Si son los números limitados símbolos,
lo relativo frente a lo absoluto...
Hoy, en retorno, dudo que haya estado
alguna vez en patria semejante
si no llevara, como en vago sueño,
la radiante visión que allá alcanzara,
cuyo nombre me suele abandonar.

Digo Ixmalor... ¡Pero no estoy seguro!
Porque viene y se va en el oleaje
del agitado mar que abre sus costas
en ese otro infinito majestuoso
y real, que hace del hombre nuevo abismo.
¡Es Ixmalor! Así es. Y quien lo lleva
es mujer, más que mujer, sin ser un monstruo,
que siente y piensa y ríe y canta y ama
en mundos habitados tan lejanos,
no sé a cuántos millones de años luz.

¿Hay en la Tierra quién llegue a enloquecer
de infinitud y eternidad a un tiempo...?
Perdido el seso, abrasado de Ixmalor,
un fuego delicioso cuando quema,
ponderé a aquella imagen tan distante
entre gentes del pueblo que a menudo
aman también las cosas insondables.
Mas recordando luego a Don Quijote
con su irreal Dulcinea del Toboso,
me tomaron por otro delirante.

Busco a Ixmalor en bosques de mujeres
bellas, espirituales, pero en vano.
Creí encontrarla en Donatila ardiente,
haz de magnolias de un jardín selecto,
pero el hastío me apartó violento.
Insistiendo en Crisanta quise verla,
una trigueña para amarla siglos,
y hasta hoy no sé qué viento me empujó.
Ixmalor es en mí un ardor eterno,
una sed insaciable de infinito.

Ah, si pudiera volver a aquel transporte
que permite viajar al alto imperio,
más allá de Antarés, en fácil vuelo,
para ver nuevamente a la deseada,
a la mujer, radiactiva y alcanzable,
tan singular que deja en grados ínfimos
a la creación teológica de Dante,
a Beatriz en los círculos beatíficos,
porque Ixmalor, a millones de años luz,
es cierta en la realidad del Universo.

FRANCESCA DE RIMINI

I

Todo ha de ser al modo de esta era
que desata el presente del pasado,
sin temor a lo que antes se temiera.

Si no hay más que Universo objetivado
que en mi conciencia es esplendor gigante,
sonrío de todo invento deformado.

Pero oíd: reverencio al delirante
creador de irrealidades, de imposibles,
si deja ver una pasión brillante.

Que el genio, de raíces invisibles,
con símbolos diversos es primero
si da vida a sus seres inasibles.

Como hay sueños, tuve uno que bien quiero.
En él me hundí en el reino que hubo creado
Dante, poeta de perfil severo.

En el sueño, con ser hombre rebajado,
hice lo que debía por Francesca
de Rímini, la del amor insuperado.

Por ella, flor humana, la más fresca.
Carne en ardor, diríase una estrella.
No hay hija de Eva que a su atractivo crezca.

Inclinado cual nadie a la querella
por la justicia, con ánimo altanero,
fui relámpago, trueno, fui centella.

Dije: "¡Ir allá la que ama el orbe entero
por ser mujer de gracia incomparable

y ansía besar todo hombre verdadero!

La que por joven tuvo irrefrenable
anhelo de vivir y de soñar
en la dicha terrena inmensurable.
Viles negáronle su derecho a amar
a quien amara con amor primero
y sigue amando con amor sin par.

¡No puede ser! El bruto informe, artero,
que se le dio de esposo no era el hombre
de su destino... Mirad, usó el acero...

Matóla con el que amaba... No se asombre
nadie, que entonces la costumbre así era,
más si ostentaba principesco nombre.

Aquel salvaje su aguda espada fiera
hundió en los dos con temeraria furia,
jamás hubo estocada más certera.

Y la nobleza del brazo con la curia
echaron los amantes al Infierno
por cometer pecado de lujuria...

¡Y del amor! ¿Qué dijo el fallo eterno?
¿Pesó más la lujuria que el amor?
¿Fue menos fuerte el Cielo que el Averno?

¡Oh, no hay dolor que iguale a este dolor,
al apreciar que no hubo juicio sano,
si lo inferior suplantó a lo superior!"

II

Blasfemé, hice locuras, con ufano
deseo áspero de entrar en la región
de múltiples suplicios en lo arcano.

A ello me impulsaba una obsesión:
emprender la más fatídica aventura
con la audacia instintiva de un león.

Sin Dante ni Virgilio, mi bravura
iba apoyada en una fuerte lanza,
y penetré en la fatídica espesura.

Leo en el muro: "Perded toda esperanza".
Río, y el eco retumba como un cuerno.
Monstruos me ven pasar con vista mansa.

¡Oh, cuánta gente en el horno sempiterno,
y de alta alcurnia en número infinito,
si no hay pobres que sufran fuego eterno!

Llegó al fondo. Satán, soltando un grito
jamás oído, maldice mi presencia.
Luego inquiere mi viaje hasta el Cocito.

De igual a igual le digo: "Impertinencia
no me trajo a estos círculos malvados,
sino a salvar del verdugo la inocencia.

Sufre aquí Eurídice, entre condenados.
Vino a pedírtela el divino Orfeo,
y se la diste con pactos calculados.

La llevó hasta la puerta, y por deseo
de ver atrás, burlaste sus ideales,
y la bella volvió a tu Coliseo.

Veré, traidor, si repites tus fatales
amaños, con este hombre que te ofrece
su alma de inclinaciones infernales.

Pero darás lo que no te pertenece,
a Francesca de Rímini ahora mismo,
que la Vida con ella se embellece.

Nada hace aquí en este oscuro abismo
impulsada por viento tan furente,
que más parece horrendo cataclismo.
Fuiste arcángel, y amor en el fulgente
Cielo hay por ti, pues esto ya no aterra,
y más que diablo te tienen por demente".

"¿Y Paolo?", gritó, "Paolo se aferra
al alma de ella, y con ella va volando.
¡Quien se la arranque sufrirá su guerra!"

"¡Bribón!", le dije, "ganas mucho: cuando
la devuelvas al mundo de los vivos,
si arriba creen que estás rectificando...

Y cruel grité: "¡Recobra los estribos!
Que Paolo la abraza sin templanza,
pues sus roces son casi sensitivos.

¡Hazlo sufrir! Con ella no se cansa
de estar aquí, y así para él no existe
tu maldición: 'Perded toda esperanza'".

Satán gritó: "¡Por tu alma, ya la hubiste!
¡Vuelva a la Vida, hiciste buena pesca!
Paolo vuele sin ella, solo y triste!"

III

¡La traje! ¡Vive! ¡No hay quien se le parezca!
¡Su fama es tanta que va de polo a polo!
Pero escuchad: la sin igual Francesca...

¡Ama el Infierno y llora por Paolo!

VIAJE ALREDEDOR DE UN GRANO DE MAIZ

NUEVA YORK

—My friend, es portentosa esta Babel de Hierro. Ciertamente, si cabe, es planetaria.

—¿Diez millones de seres...?

—Más de catorce, con sus vecindades numerosas. Es, debo decirle, una vasta asociación de grandes urbes de casi todas las razas de la Tierra...

—Y una agresiva lucha de clases sumamente compleja, por aquello de que Nueva York no es la "Ciudad de Dios" del obispo de Hipona...

—Una terrible lucha, complejísima, de las clases, de los intereses chicos con los grandes, y de los monopolios entre sí... Pero baje la voz, porque el vecino puede ser...

—Algo así como del Inteligente Service... Oh, no importa... La estampa es de hombre honrado que gana muchos dólares por leer su revista...

—Me atrevo a considerar que tiene usted un muy certero conocimiento de la Historia con mayúscula...

—En voz baja, my friend... Conozco a Marx y a Lenin por simple curiosidad... Hay que saberlo todo... Hasta pienso que Nueva York será mañana un soviet...

—En voz baja, my friend... ¿Dice usted, mediante la insurrección armada del proletariado neoyorkino...?

—O, como vivimos en la crisis general del capitalismo, un terremoto financiero que derrumbe a Wall Street con sus bancos mundiales...

—Le gustan las ironías de Langston Hughes... No me anuncie el exterminio de la Babel de Hierro con una bomba de cien megatones...

—Y usted ya recordó al humanitarista Harry Truman con sus obras benéficas de Hiroshima y Nagasaki...

—¡Ja, ja, ja! My friend... Ya me hizo reír con espanto... que también así se ríe...

—My friend, Nueva York está asentada en roca... Es la cuna de Walt Whitman... Y no habrá guerra termonuclear...

—¿Lo dice por confortarme...?

—La crisis general del capitalismo en su tercera etapa se desliza sin guerras mundiales... Espero otra catástrofe...

—Eso no está muy próximo, my friend. Hallábame temeroso... Veo que viene limpio de intenciones terroristas... Que viene sin propósito de destruir el Estado...

—Así es como usted dice... Soy un simple ganadero de mi tierra... Un hombre que no acarrea fósforos... En cuanto a usted, querido... ¿Artista de Hollywood...? ¿Un jugador de Bolsa...? ¿Un sabio atómico...? ¿O se dedica al opio...?

—Aquí hay buenos negocios... El opio es uno de ellos... Pero hay otros mejores... El crimen, por ejemplo... Ya es un hecho el asesino invisible... o el agente secreto de las potencias extranjeras...

—Como aquí está la ONU, sospecho que Nueva York es un endemoniado centro de espionaje mundial...

—Y de contraespionaje en redes incalculables... Por eso, el principio es que todo hombre anda en algo...

—Sin exceptuarlo a usted, que ya mordió el anzuelo...

—Ciertamente, my friend... La crisis galopante... La automatización... Millones de parados... La alta responsabilidad de ser americano... Los Estados Unidos en el timón capitalista... La democracia representativa de Occidente... Y, de otra parte, la URSS, el bloque socialista, el comunismo, la revolución mundial...

—Lo comprendo, my friend... Un parado que pasó a la CIA...

—Por quiebra en los negocios... Esta Babel de Hierro... Mírela usted con ojos tropicales... Vuélvala a mirar... Nueva York no tiene alma...

—Yes...

—Yo también soy un pobre del mundo... En secreto suelo cantar La Internacional... ¿Me quisiera mostrar su pasaporte...?

—Yes...

—¿Qué cuentas voy a dar cuando Nueva York sea algo parecido con un soviet...? Ya que tragué el anzuelo en lo primero, no diga lo segundo...

—Yes...

—Veo en su rostro el asco que me tiene...

—Al contrario, es temor... No sé quién es usted... Porque en usted se presentan cien hombres diferentes con objetos distintos...

—El alma de Nueva York es muy compleja... Y así es el neoyorkino... Uno mismo no sabe lo que es... Tome su pasaporte.

—My friend, ¿me deja vivo...? ¿Con mis cheques viajeros...? ¿Gozo de libertad...? Entonces, váyase, que me siento iluminado... En sueños, veo a la Babel de Hierro... A la gran Nueva York transfigurada... ¡Y quiero contemplarla...!

PARIS

I

—Oui, mademoiselle, ¡Viva París!
La flor de lis de Francia, de Europa Occidental,
que lo demás tiene un poquillo de menos interés,
aunque en otros aspectos luzca invictas primacías.

París, árbitro de elegancias, ha tenido
la gentileza de ofrecerme un ramo
de nítidas magnolias en la persona
espiritual de usted.

¿Whisky? ¿Coñac? ¿Ajenjo? ¿Algo distinto?
¿Prefiere el whisky? Yo, por consiguiente.
(Monsieur, nos ha escuchado: whisky, cigarrillos
de varias marcas para conocerlos).

¿Hasta la medianoche? Muy bien, mademoiselle.
Iré a dejarla a su pensión. Está en Montmartre.
¿Que la llame Jeannette? Un nombre de hada.
¡Cómo fascinan los nombres femeninos en francés!

¿Estudiante? ¿Está a punto de graduarse?
¿Filosofía y Letras? ¿Estudia en la Sorbona?
Oh, es usted una muchacha excepcional.
Sí, ciertamente. De tierras de Bolívar.

II

¿Qué le interesa América? Es una mina,
una hacienda, un taller, más un villorrio.
Los propietarios latinoamericanos
vienen mucho a París.

Por regla general (hay excepciones),
son aquel Juan Chapín de José Milla
que, al añorar la catedral de Guatemala,
no rezaba en Nuestra Señora de París.

Juan Chapín abundaba en disparates
que sorprendían a los parisienses.
En la Ópera armó tremendo escándalo
porque no vio salir a Pascualillo.

En el hotel reñía a medio mundo
por no atender sus gustos provinciales.
Solía decir: —¡Al diablo con París,
que vive sin tortillas y sin frijoles!

Un día Juan Chapín volvió a su tierra,
desdeñando a las bellas parisienses,
haciendo asco de los perfumes caros,
riéndose de las costumbres refinadas.

¿Le gusta la historieta? El Juan Chapín
de nuestros días se ha modificado.
Viene muy ruralmente a otras cosillas,
a gastar dólares en el Follies Bergère.

Abogado, terapeuta, cirujano,
ingeniero, periodista, lo que fuere...

Lilí, Lulú, Tutú, Teté...

—¡Jeannette, por Dios! Ya esperaba su pregunta.
También las aldeanitas son curiosas.
Van al Quartier Latin, a Saint-Germain-des-Prés,
y más allá, con encanto, en cuanto aprenden
el grácil taconeo parisien.

¿Darío, dice usted? Una excepción.

Fue un indio chorotega con sprit.
Un artista de sueños y de versos.
En el Dôme todavía le recuerdan
los vasos verlaineanos.

Sí... anda allí Consuelito Suncín,
india pipil de Cuscatlán.
Vino de allá a rendírsele a D'Annunzio
en el suntuoso Vittoriale.
Fue luego esposa de Monsieur Carrillo,
cronista y floretista.
No creo que le sea extraño el nombre
de la marquesa de Saint-Exupéry.

III

¡Jeannette! Nombre adorable, tiene música.
Hace frío. Bebamos. Y charlemos.
Hablemos de las cosas que a todos nos inquietan
en vísperas de una posible revolución social.

¿No cree en la revolución? ¡Mi madre santa!
Es un decir de la remota América.
Ya sospechaba sus raíces filosóficas.
¡Qué contraste! Una riente belleza juvenil
que lleva bajo el brazo
un Kierkegaard.

Hoy, por la tarde, habló Maurice Thorez,
desde una alta tribuna popular,
en la Plaza de la Bastilla, ante cien mil
parisienses soberbios.

La OAS, Jeannette, es el terror fascista
que va directamente a un coup d'État.
En casa de un Ministro dejó ciega a una joven.
En Montparnasse mató a un obrero constructor.

Tales horrores, sumados a otros tantos,
congregaron al pueblo parisiense.
El Gobierno debió ser elegante
prestando apoyo al pueblo
contra la OAS.

Al revés, prohibió el mitin gigantesco.
Favoreció la causa de Salan,
terrorista en París, en la provincia,
en las arenas de la candente Argelia.

Hubo disparos de la Police. Contra-disparos
de los manifestantes.
En total, murieron ocho obreros, doce guardias.
En el tropel del Metro (quien cae no se levanta)
cayeron viejos, niños y mujeres.

Todo esto es colosal. Es viva Historia.
El pueblo de París está indignado.
La OAS sigue matando con sus bombas.
La gendarmería vigila, bala en boca.

Aquí está L'Humanité. Los grandes diarios.
¿Sólo los titulares? Le piden al Gobierno
medidas eficaces para contrarrestar
el terror de la OAS.

Belleza de ojos claros
y de labios en flor, ¿quisiera acompañarme
por donde Paris Soir llama en sus notas
el Cinturón de Barrios Rojos de París?

¿Que no? ¿Por qué? ¿Empieza la incongruencia?
He venido a París a verlo todo.
La cabeza de oro. El busto de plata fina.
El acero del muslo. Y el barro de los pies.

Escribiré una crónica del horno donde Hefestos
forja las armas de la revolución.

IV

¿Cambio de tema? Sea, la obedezco.
Allá aprendí que la capital de Francia era París.
Aquí veo que París tiene señor en la mujer.

Le diré lo que encuentro en esta urbe,
que es centro gravital de las estrellas,
encantadoramente aburrida de sí misma.

Jean-Paul Sartre (el de antes), Gabriel Marcel,
en el jardín parisino son surtidores
doctrinales en que el hombre acaba en isla
que se alza en medio de un océano inútil.
Y así en el caso, el París existencial
de esta postguerra sigue con los temas
de la angustia, el abandono, la caída,
lo irracional, el reino del absurdo.

V

¿Verdad, Jeannette? De modo natural
vienen después mil y una apreciaciones
existenciales de los parisienses
en el café, el folletín y la novela.

Ya lo sé... Los estudiantes... Saint-Germain...
El existencialismo fue enterrado
en entierro simbólico, très bien.

Pero como no enterraron el sistema
que lo engendra, volvió del cementerio
y está en usted y en todos los vivientes
que sufren la elegancia existencial.

El color gris es color escolar y está de moda.

El universo, la vida, el hombre, el alma,
la idea, la palabra se matizan
con esa fina tinta desvaída.

No he visto la clase alta de París.
Pero sí la culta clase media parisiense.
Ama a un París que lleve traje gris
y exhiba una indolente modalidad grisácea.

¿El Sena, dice? Estudia sus pensadores grises,
sin reparar en nadie. En tanto, con el pie,
empuja a los suicidas de la noche
en dirección de un mar sin oleajes.

¿La solterona de la Torre de Eiffel?
Con amores seniles lee a Françoise Sagan,
y desde su esqueleto saluda a la mañana:
—"Bonjour tristesse..."

¿Ríe encantada? Pues la Venus de Milo
es una joven campesina griega
de gran belleza, que renunció a la carne
y a la emoción para volverse mármol
de perenne desdén aquí en París.

¿La Victoria de Samotracia? Le ruego definirla.
Ah, olvidaba que ustedes no definen.
Pues lo hago yo: Victoria de Samotracia
es vuelo ideal hacia el muro existencial,
donde, al chocar, quédose sin cabeza.

¿La Gioconda? De la escuela marceleana,
sabia en hastío, en náusea espiritual,
no es que sonría al recibir visitas,
sino al mostrarles puertas de salida.

¿El amor? Arcaísmo francés de edades olvidadas.

Lo que hechiza a los desencantados parisienses
no es el fuego que dora la vida alucinante,
es la ceniza.

Deme la mano. En esta mano leo
viejas filosofías renovadas.
Se ase con fuerza el pasajero instante
y se goza en excelente anonimato.

Porque París se fuga de sí mismo,
y el París de esta noche tan propicia,
mañana por la noche será otro París
para nuevas parejas soñolientas.

Todo ha de hacerse en el momento, y luego
sentir el viento que empuja por la espalda
hacia ninguna parte.

¡Hasta en eso! Aquí en París se hace el amor
con giros de posguerra y repitiendo
el son monologado de Camus.

VI

¡Jeannette! Muy suyo es el París existencial
repartido en millares de mortales insomnes
que beben, fuman, piensan, hablan
y buscan en el beso una experiencia
que luego olvidan en su postrer
ensayo psicológico.

En cambio, de mi parte,
y muy contrariamente,
el París de mis mejores sueños,
es un París distinto, apenas entrevisto,
y que empieza a nacer como esta aurora
que agranda su fulgor en los cristales.

GOETHE

Vuelo sobre Alemania. Yo quiero a este país.
No es concebible el mundo sin esta gran nación.
Cuánto bueno y nocivo ha dado al linaje humano.
Es un taller de ciencia, de filosofía, de arte.
Y es un laboratorio de guerras planetarias.
¡Viva el pueblo alemán sin consorcios brutales;
viva libre de nuevas locuras hitlerianas!
Pienso en Goethe, sonrío y bendigo a Alemania.

MARX

Invicto se levanta en el centro de Moscú.
En pleno corazón de una gran plaza
surge de un poderoso bloque de granito:
cuerpo robusto, el brazo sobre un libro,
el rostro levantado. Veo a los genios
que fueron y que son. Pero este Atlante
es el padre de todos con su grito mundial:
"¡Proletarios de todos los países, uníos!"

LENIN

Aquí está, en un severo túmulo del Kremlin,
pequeño, como dormido, frente a la Plaza Roja.
Murió y vive, y tiene hirviendo al mundo
contemporáneo, sin que haya zonas neutras,
en el que todo es su estrategia o su contraria.
Y los pueblos que van a la sociedad sin clases,
rugen amotinados con la consigna central:
"¡Camaradas, todo el Poder a los Soviets!"

MAIAKOVSKI

En la alta Moscú, atalaya del Cosmos,
la juvenil estatua del poeta despide
palabras como el bronce egipcio de Memnón.

Oye quien la visita una armonía estelar
en que resalta el genio del arte liberado.
Tropel de cohetes vuelan de allí hacia lo infinito:
al barrio de la Luna, a Marte, a más allá.
De vuelta, se ven nautas que vienen desde Sirio
en busca de amistad con el planeta Tierra.

La musa de Maiakovski se llama Maiakovskaia.
Cada tema es Futuro, como explosión de albas.
Ondulación continua de La Internacional;
masas superdotadas en asalto incesante;
un afán gigantesco hace ver al viajero
crear un mundo inmenso que conquista el laurel
inmortal que ha borrado el vocablo imposible.

Saludé a Maiakovski con versos occidentales,
magros, casi tullidos... Y los oyó sonriente,
olvidando sus fallas... ¡Porque le damos lástima!
Le damos lástima a quien dijo:

"El individuo,
aun siendo fundamental,
no podría levantar simplemente
una viga de cinco metros
y menos una casa de cinco pisos.

Pero el Partido,
son millones de hombres estrechamente
unidos.
El Partido,
levantará la vida hasta el cielo,
levantando a todos
y a cada uno.

El Partido,
es la espina dorsal de la clase obrera.

El Partido,
es la inmortalidad de nuestra causa."

PROMETEO

¿Novedad del poema? Ninguna. Si es un cero
solitario quien anda en las tierras de Homero.
Pero viajar por ellas, ya es un privilegio,
aunque el ritmo esté lejos del hexámetro regio.
¡Qué dicha ver el Cáucaso con sus picos nevados
que se van alejando a reinos ignorados!

A reinos ignorados de fábula y de historia
que la atención no quiso grabar en la memoria.
Apenas, me parece, que Heródoto los cita;
como que los poblaba la fuerte raza escita.
Los pueblos se suceden como los hormigueros,
y nada queda de ellos bajo milenios fieros.

Sí tengo muy presentes las tragedias de Esquilo,
enormes en sus temas, de un inmortal estilo.
En el áspero Cáucaso estuvo encadenado
el titán Prometeo, el jamás igualado.
El hijo de Japet y Clymene espantoso
suplicio padeció por su afán generoso.

Robó el fuego prohibido al olímpico cielo
para darlo a los hombres en el oscuro suelo.
¡Pensad! Robar el fuego para dicha del hombre
es acto tan sublime que carece de nombre.
Por el trágico griego conocéis lo demás:
las cadenas, los clavos, lo del buitre voraz.

Después, la acción de Herakles liberando al vencido
cuando mató a flechazos al buitre aborrecido.
¡El Cáucaso! ¡Prometeo! ¡El fuego! Hermoso mito
que en ondas sucesivas se extiende a lo infinito.
En efecto, estoy viendo la encumbrada montaña
que fue escena de aquella remotísima hazaña.

Prometeo está vivo, en tanto que veloces
se hundieron entre sarcasmos los egoístas dioses.
Y el fuego prometeico, sin cesar un segundo,
abraza inexorable la redondez del mundo.

En el Mar Negro,
antiguo Ponto Euxino.

EL PARAÍSO TERRENAL

Estoy aquí en el bosque que, dice la fantasía milenaria, es el
mismo Paraíso Terrenal.

Ando por donde Adán, desnudo y solitario,
paseaba su inocencia. Por donde Eva ambulaba,
estrujando la hierba, a verse el claro rostro
en virginales aguas. Por donde la serpiente,
enrollada en las ramas, vigilaba a sus víctimas.

No se disculpe usted por no haberme llevado
al lugar donde estaba el frondoso manzano,
el árbol de los frutos prohibidos
que, al comerlos, hacían conocer la ciencia del bien y el mal.

De seguir la leyenda, nosotros ya mordimos
aquellas agrias pomas, y nada nos obliga
a visitar el árbol que nos hizo mortales.

Sí... En este aspecto, tenemos que agradecerle
que por él saboreamos las mieles del amor...
También... Por ese árbol sentimos entusiasmos
de afán y de creación que desconocen límite...
Lo mismo... La vida es bella y digna de vivirla
hasta llegar al día de su precioso término...

¡Oh, qué encanto! Saber que el Paraíso, Adán, Eva,
fueran mitos armenios de la época primitiva.
Después de la caverna, después de la conquista
del fuego, de la piedra pulida, de los metales,
de la ganadería y de la vida agraria,

pasando por la tribu, el grupo gentilicio
y el amor comunal que se iba seleccionando
gradualmente en milenios, salió al fin la pareja bien formada,
compuesta de un Adán y una Eva,
la monogamia, en fin, que llenaría la Historia.

Muchas gracias... Ahora he comprendido el Génesis...

¡Cuánta dicha entender que los Libros sagrados
de Moisés, de los Jueces, de los Reyes cantores,
de los grandes Profetas, son en parte leyenda
acumulada en siglos de alegría primitiva,
y en otra parte, historia poco ajustada al hecho,
porque aquellos escribas de un mundo sin rigores
mezclaban realidades y ensueños llanamente.

La Biblia, en esa forma, resulta un admirable
surtidor de poesía, cuyas gotas se irisan
con el sol del desierto...

Usted tiene la culpa porque al traerme aquí,
al mítico Paraíso, y oyendo sus lecciones
nuevas y sorprendentes, al mirar hacia el sur,
adonde cantó David,
vea a un Jesús distinto, real en el nombre propio,
irreal en los reverberos de la historia semítica,
y por lo mismo bello como los lirios del campo
y las aves del cielo...

Eriván, Armenia.

SCHEHERAZADA

I

¿Qué dice...? ¿Scheherazada...? ¿Yo ver a Scheherazada...?
Esto es más sorprendente... Me parece imposible...
Hay hechos en Oriente tan arduos de explicar,
que no se sabe, en último, si son verdad o sueño.
En los grandes desiertos se ofrecen los espejismos
que dibujan extrañas ciudades ilusorias.
¿Es cierto lo que dice, que veré a Scheherazada?

Niño aprendí su nombre. Había allá en mi casa
un libro mal forrado de Las Mil y Una Noches.
Leía Aracelina, los niños la rodeábamos
sentados en el suelo.

Tenía Aracelina una clara voz cálida,
muy cercana a la música.
Pero como elevábamos la mente a Scheherazada,
la hallábamos radiante, igual a las huríes
en el jardín de Alá, y entonces la escuchábamos
con una melodía de cítara encantada.
¿Sería que presentíamos, en infantil ensueño,
la rítmica Scheherazada de Rimski-Kórsakov?
¡Oh, sí! La presentíamos, porque esa maravilla
musical late en todos los corazones tiernos,
y de repente eleva al oído sus notas,
que se vuelven un concierto difundido en la atmósfera.

¿Es la misma Scheherazada de Las Mil y Una Noches?

¿La misma princesa persa, la hija del Gran Visir,
la esposa del rey Schariar, cien veces sanguinario?
La imagino velado el rostro de jazmines,
con azulados tules del mercado de la India.
Con un collar de perlas de tan alzado precio
que adorna solamente a musulmanas reinas.
Con un traje discreto y sutil a la vez,
que en Oriente permite las adivinaciones.
Con sandalias que abrochan diamantes de Golconda.
Y luego rodeada de jóvenes esclavas
que arrancan de sus arpas melodías sensuales.
Sin que falte el servicio de los eunucos negros,
armados con alfanges de crueles gavilanes.
Y sin dejar de creer que hay ojos vigilantes
detrás de las pesadas cortinas de Damasco.

Perdóneme que dude... Si vive Scheherazada
debe ser una anciana de estampa miserable,
apoyada en un báculo como aquellos patriarcas
del Viejo Testamento...
Ah, sí... Tiene razón... El hombre y la mujer,
siendo seres tan frágiles, superan los Diluvios.
En efecto, conozco el Ararat, el monte
donde asentóse el Arca de Noé... Hasta recuerdo
que allí comprendí algo que parece muy simple:
que habían terminado las viejas generaciones
para que otras llegaran a disfrutar la Tierra;
que el hombre y la mujer son seres inmortales,
sólo que viven, mueren y tornan a vivir,
renovándose siempre como los jaramagos.
Ya entiendo... Scheherazada, siendo la misma, existe,
joven, radiante, alegre, viviendo en este siglo
de modas y caprichos...

Dejemos este jardín
y lléveme a admirar a la linda Scheherazada,
Dulcinea del Oriente.

II

Me dice el relator, poeta de cien años,
que explica dulcemente los hechos y las cosas:
—Scheherazada, amigo, ya no es la celebrada,
contadora de cuentos en una Corte cruel.

Hoy sus cuentos son otros, distantes de este valle;
tienen más relación con el cielo estrellado.
Son algo fascinante, donde se ve la Tierra
vestida de luz, cantando en los inmensos coros
que integran la Vía Láctea.
¿Le parece admirable aquel chorro de cohetes
que en sucesión avanza hacia las constelaciones?
¿Y aquel vuelo bellísimo de naves espaciales
que en juegos malabares forman pueblos de luz?
¿Y aquí abajo le encanta ver la maravillosa
combinación del ritmo y el color de Tchaikovski?
¿Y esta gracia suprema de llegar a una tierra
lavada de califas, de visires y eunucos?

¿No es grande que acabaran la esclavitud, el látigo,
la sangre derramada sólo por derramarla?
¿Y que venga después una generación de seres superados
a hacer la tierra cielo, a hacer el cielo tierra?
Tal es Scheherazada... ¿Le gusta Scheherazada?

¿Qué decir en el caso...? Guardé un silencio largo
para entender mejor, en su nuevo papel,
a la gran narradora de Las Mil y Una Noches,
en canapé oriental, en tiempos enterrados...
Pero hubo un grito unánime:

—¡Ya llega Scheherazada!

Y vi a una muchacha sonriente, algo cansada,
que se alisaba el pelo, un poco alborotado.
Vestía camisa blanca y pantalones gruesos.

Flexible, casi felina, arrobadora,
y supe su procedencia extraordinaria.
¡Venía desde la alta ciencia de los astros
y del amor más puro de los hombres!
¡Venía del porvenir de siglos liberados
a decir al presente cómo es el porvenir!

En la frontera de Persia.

LA GRAN MARCHA

En verso, lo breve y suave,
me dice el poeta Wang.
Y me ofrece un poema
del gusto de los chinos.

En él vuela la luna,
mandando sus reflejos
por el claro de un bosque
de dormidos bambúes.

Las ondas luminosas
danzan sobre las ondas
del Lago de los Cisnes,
un álbum de leyendas.

Le digo: —Pinta usted
una historia de amor;
la de una jovencita
que convirtióse en loto.

Me dice: —Siga leyendo,
esperó muchas lunas
a un amado que nunca
pudo volver de Persia.

El Cielo, compadecido,
para que no sufriera,
volvióla planta acuática

del Lago de los Cisnes.

Le digo: —Aquí el poeta
debe inventar leyendas.
Me dice: —No es poeta
si le falta esa gracia.

Varío: —Estoy notando
que no oye mis palabras
sino algo que procede
de la Plaza del Cielo.
Contesta con sonrisas:
—Dejemos los madrigales
y oigamos los acordes
enormes de la Gran Marcha.

Pekín, China Popular, 1962.

YAN TZIN-JUA Y YAN CHIU-LIN

Yan Tzin-jua —diminuta, espiritual— sonríe,
desde un corcel de nieve, a cuantos la queremos.
Va delante de su hermano Yan Uen-guan,
guerrero de cien muertes.
Va detrás de su madre Mu Güi-in,
baluarte del Imperio.

Esto tuvo suceso hace mil años,
cuando la dinastía Sun.

¿Con cuál me quedo, Chang?
¿Con el hada que fue, con Yan Tzin-jua?
¿O con esta que es, con Yan Chiu-lin?

La una encarnada en el arte de la otra.
Esta elevada al espíritu de aquella.
No obstante, lidian como colibríes,
Yan Tzin-jua y Yan Chiu-lin,
la fantasía con la realidad,
el sueño con el pétalo.

¿Con cuál me quedo, Chang?

En la Ópera de Pekín.

LA PRINCESA LI

Taza de porcelana
pintada con suaves tintas.

El té verde humea
y el humo se alza
azul.

De pronto el humo
toma cuerpo
en una joven china.

Sonríe y dice:
—Soy la princesa Li...
¿Te gusto?

Tendrás esta mano
si escribes un poema
en ideogramas.

De cerca han de ser
como dibujos
de crisantemos.

De lejos como
un vuelo
de golondrinas.

Tus bisabuelos mayas

escribían ideogramas
menos estilizados...

La princesa Li
volvió a la porcelana
y al humo azul.

Dije:
—No creerán
que el té verde
da estas visiones.
Si cuento esto allá,
dirán que fue mi
"lavado de cerebro".

Wuhan, a orillas del Yang-tsé.

BUDA

De paso, en vuelo, he visto el Himalaya
De paso, en vuelo, he visto el Himalaya,
ejército de dinosaurios detenido
y cubierto por nieves permanentes
desde las selvas de Asia
arriba de los ciclones.

¡Los Polos han de infundir menos espanto!
Y he pensado, recogido, que me basta
contemplar estos gigantes desiguales
que elevan sus hocicos a los cielos
para extraer el reflejo blanco, inmóvil,
que se descubre en las almas orientales
devotas del Nirvana.

No quiero leer más libros milenarios
ni a los comentaristas más recientes,
porque he visto la causa y el efecto.
De la contemplación del Himalaya,
de esa eterna blancura fascinante
viene Buda casi helado
con su influencia.
Sólo el fuego de los valles tal vez pueda
derretir esas nieves doctrinales
de renuncia a la vida estando en ella.

En vuelo, de regreso a
Ixachilán (América).

SALUTACIÓN AL REINO DE LA TIERRA

En campos de Darío y en horas de Neruda,
yo digo que está cerca el Reino de la Tierra.
Que está para acabar la angustia en los corazones.
Que se acerca de prisa la alegría a las almas.
Que ya viene el instante del maíz para todos.
La hora en que la luz será hasta de los ciegos.
La hora en que la música será hasta de los sordos.

Que el trabajo del hombre se exprese con el júbilo
de las aguas que bajan de los Andes al mar.
Que alternen el martillo que remacha las vigas
y la canción que clava estrellas en la noche.
Que el labrador honrado arroje la simiente
en la tierra quemada por el odio del bárbaro.
Y que aquí en esta América selvosa y atormentada
por huracán violento y dictador de piedra,
se extraiga del subsuelo la lección saludable:
que la milpa la hicieron en común los toltecas
y todos disfrutaron del bien de sus mazorcas.

¿No es la más alta norma la suprema armonía?
¿No oyes, empedernido, las sílabas de los astros
que otro tiempo escucharon cantores inmortales?
¿No presientes, poseso, que debajo tus plantas
se mueve el genesíaco torrente del Universo?
Sospecho que el pastor de enmarañadas barbas
que vive en comunión de lomas y rebaños,
que ordeña su ganado por ser ritual oficio,
tiene mejor sentido de la cadencia prima

cuando da forma al queso y construye una choza
que ofrece a los viajeros que escapan de las lluvias.

Es cosa de decencia embellecer la Tierra
y agregarle un granero y sumarle una lira.
Es cosa de decencia acabar con el odio
y el rencor y la lágrima y el harapo y la sombra.
Es decente quien oye el fluir de la armonía
en su latido íntimo y el agua depuradora;
y siente ansias inmensas de arrasar los estigmas
hasta dejar las almas con blancor de corolas.
Tarea de reeducar al infiel que es capaz
de robarnos la vida y la mujer y el asno.
Tarea de reeducar al tirano que escupe
hacia arriba al golpear los lomos de su pueblo.

Tarea de reeducar al maestro que entierra
su lanza en el costado matinal del Espíritu.
A aquel que no comprende la norma permanente
del amor y la paz entre la misma tribu.
A aquel que no ha entendido la esencia detestable
del tamagás retráctil, profesional de muerte.
A aquel que habla latines y griegos abolidos
por ignorar que nacen nuevas rosadas lenguas.

Que la canción del hombre se alce con el júbilo
del rocío que vuela a cumbres cenitales.
Que reine en todo numen el fulgor de las Pléyades
que ignora el lodo agrio de los bajos batracios.
Que impere en los espíritus el anhelo ascensivo
desde el mono real hasta el ente del ángel.

En horas de Neruda, nuestras dichosas horas,
y en campos de Darío, nuestros fértiles campos,
debéis buscar, hermanos, el Reino de la Tierra
con el ideal magnífico de hallar al hombre entero.
Debéis amar, hermanos, el trabajo que crea

la riqueza sin sangre y hace grata la vida.
Debéis pulsar, hermanos, la lira que entusiasma
la rueda familiar, el vecindario, el monte.
Y si hay abuso, hermanos, pensad que hubo un Aquiles
que un día rescató la belleza de Helena.
Y así vosotros, héroes, guardaréis la grandeza
humana, al fin hallada, del Reino de la Tierra.

¡Y adiós, ya nos veremos en los coros danzantes
de los futuros júbilos…!

LÉXICO MAYA, TOLTECA Y DE OTRAS LENGUAS AMERICANAS

Con iniciales minúsculas se indica el origen maya y tolteca de los vocablos.

Acxitl (t). Nombre completo: Topiltzin Acxitl, también llamado Nacxitl. Se suele tomar como variante de Quetzalcóatl. Lo más probable es que fuera un digno sucesor del gran jefe tolteca.

Ah (m). Señor; pero esta palabra tiene relación con el fuego astral o terrestre, físico o espiritual, y es un nombramiento de alta dignidad mágica.

Ahkín (m). Mago entendido en las cosas del sol y de los astros. Los ahkines se diversificaban en numerosas actividades de la abstracción y del culto mágico. Por ejemplo, los chamanes del Nuevo Imperio eran adivinos.

Ahpop (t). En las notas de don Adrián Recinos, que cita al abate Brasseur de Bourbourg, aparece esta lista:

Ahpop: rey.
Ahpop Camhá: adjunto al monarca, destinado a sucederle.
Ah-Tohil: sacerdote de Tohil.
Ah-Gucumatz: sacerdote de Gucumatz.
Ah Cavec Chituy: ministro tesorero.
Lolmet Quehnay: contador y recaudador de tributos.
Popol Vinac Pa Hom Tzalatz: consejero del juego de pelota.
Uchú Camhá: ayudante del consejero del juego de pelota.
Esto da idea de que había sociedad clasista, Estado, Gobierno, realeza y aristocracia, lo que no es así, con respeto para el abate Bourbourg y el señor Recinos. La sociedad maya-tolteca a que se refiere el Popol Vuh desconocía las clases sociales por estar antes de ellas; desconocía

el Estado y la separación de gobernantes y gobernados. Era una sociedad sin clases, una sociedad comunal primitiva, donde no eran posibles los reyes, los príncipes y los sacerdotes. Todos los personajes que se mencionan, elegidos por las tribus, constituían el consejo de dirección tribal, que sólo reconocía la división del trabajo de que eran responsables. El poder supremo en aquel tiempo se hallaba en las propias tribus.

Ahau Galel (t). No se menciona en el poemario, pero conviene aclararla. Era la dignidad superior de las tribus de Nihaib. Le acompañaba un Ahau Camhá, suplente. Por eso, nuestros historiadores, al hablar de Copán Galel, deben entender que no se trata del nombre propio de un personaje determinado, sino de un Ahau Galel que cuidaba la urbe muerta y sagrada de Copán, y que posiblemente, en las divisiones territoriales de los toltecas, en la zona de Nihaib quedaba la extinguida Copán. De ahí que los españoles hablaran de Copán Galel, como si así se llamara el personaje.

Además, no se puede afirmar que las personas de la sociedad primitiva tuvieran nombres individuales, ya que corrientemente llevaban el de su gens o grupo gentilicio. Si el grupo gentilicio llevaba el nombre de Coyote, todos sus componentes se llamaban coyotes.

Ahkak (m y t). Ah, señor. Kak, el dios del fuego, o simplemente fuego, que entre mayas y toltecas era físico y espiritual.

Antífona. Citamos esta palabra griega que quiere decir voz recíproca, lo que se repite o contesta; que eleva la voz para responder o para contradecir; canto repetido o que responde a un canto por otro parecido. Para revelar la novedad, los mayas y los toltecas también usaban la antífona, como se ve en los himnos del Chilam Balam y del Popol Vuh, lo que demuestra que la antífona arranca de la sociedad primitiva. Basados en esto, hemos imitado en el poemario la antífona maya.

Astrología: En griego, arte de predecir el porvenir por la observación de los astros. Entre los mayas y los toltecas todo su esfuerzo mágico tiene ese fin.

Autoctonia: Caprichosamente le damos este nombre a América.

Baktún 7.0.0.0.0. (m): Marca la era maya iniciada en Copán.

Balam (m. y t.): Jaguar, tigre. En sentido figurado, ahkín que adivinaba la suerte. De allí que el Chilam Balam sea un libro sibilino.

Bolontikú (m): Nueve cielos presididos por nueve dioses hacia abajo, hacia lo oscuro. Por esa razón el número nueve era sagrado en la numerología mágica.

Cayalá (t): Jardín donde se produjo el maíz de mazorcas blancas y amarillas (Popol Vuh).

Cóatl (t): Serpiente. En sentido figurado, completa el nombre de Coatlicue, diosa de la Tierra, imagen del arte monstruoso expuesta en el Museo de México.

A la vez, significa círculo celeste y serpiente de estrellas: la Vía Láctea, y este es el significado mágico de Quetzalcóatl en los templos de Teotihuacán.

Al mismo tiempo, los toltecas daban este nombre a personajes notables.

Copán (m): Enrollado, enroscado. Deséchese la idea de que Copán es palabra tolteca que significa puente de madera.

4 Ahau 8 Cumhú (m): Marca la era maya iniciada en Tikal.

Cuenta larga (m): Contada en días y grupos de días, con su matemática vigesimal, los mayas tenían la siguiente tabla:

1 kin	Igual	1 día
20 kines	"	1 uinal, o mes
19 uinales (con el último uina de 5 kines)	"	1 tun, o año de 365 días
Solo aquí se rompió la ley vigésima		
20 tunes	Igual	1 katún, o 7,200 días
20 katunes	"	1 baktún, o 144,000 días
20 baktunes	"	1 pictún, o 2.880.000 días
20 pictunes	"	1 calabtún, o 57.600.000 días

| 20 calabtunes | " | 1 kinchiltún, o 1.152.000.000 días |
| 20 kinchiltunes | " | 1 alautún, 23.040.000.000 días |

Se usaba para calcular las grandes épocas.

Cuenta corta (m): Tiene más relación con el giro de los tunes, katunes y baktunes, para fijar las fechas de la agricultura, las ceremonias mágicas, los hechos importantes, y el Año del Fuego Nuevo, cada fin de siglo maya, es decir, cada 52 años.

Cuzco: Palabra quechua que quiere decir ombligo. Se trata de la urbe central del Imperio del Tahuantinsuyo, donde residían los incas (parecidos con los halach uinic de los mayas y los ahpop de los toltecas, y no siendo reyes como se ha dicho equivocadamente). En Cuzco se levantaba el gran templo del Sol, mandado construir por el inca y poeta Pachacútec.

Chac (m): Eran los dioses de los cuatro puntos cardinales que trazaban la cruz mágica del universo y presidían los años.

Chikín (m): Poniente. Su color era el negro.

Dios. Los mayas y los toltecas concebían a sus deidades dentro del Universo, no fuera de él. Eran materia, fuerza y espíritu. Por eso sostenemos que nuestros antepasados eran panteístas rudimentarios. Por esta concepción llegaban hasta el hilozoísmo, es decir, que para ellos hasta las rocas estaban dotadas de vida. De ahí nacía su actitud reverencial hacia todas las cosas. Hunab Ku era una síntesis universal, y Ah Kinich su expresión más viva.

Ek (m): Estrella. Xur Ek, Venus. Xaman Ek, Estrella Polar.

Haab (m): Textualmente, cuenta de los días solares.

Huehuetlapallan (azteca): Los grandes magos de Tenochtitlán (México) daban este nombre a Copán, el centro reverencial más famoso para ellos. También le decían Copán-Huehuetlapallan.

Huey (azteca): Los mismos grandes magos de Tenochtitlán le llamaban el País de Huey a la zona sur en que se hallaba Huehuetlapallan.

Hunab (m): Textualmente: uno. Hunab Ku, Dios Uno. El que lo abarca todo material y espiritualmente en la concepción panteísta rudimentaria de los mayas.

Hunahpú (t): Hermano de Ixbalanké. En el hermetismo del Popol Vuh, este personaje y su hermana vencieron a los señores de Xibalbá. Al final de sus proezas, uno voló al sol y la otra a la luna.

Itzamná (m): Gran sabio, inventor del Haab, calendario solar, en Tikal. Posteriormente se le deificó al extremo que Itzamná es lo mismo que Ah Kinich.

Ix (t): Prefijo femenino. A veces tiene significado distinto.

Ixachilán (t): Nombre que daban los precolombinos al continente. Significa "tierra firme muy grande". Ya casi habíamos terminado el libro cuando lo conocimos.

Ixchel (t): Luna. En lengua maya es U.

Ixchot (t): Muchacha.

Ixik (t): Bonita.

Ixim (m): Posible gran sabio que seleccionó el maíz. Más tarde, en gratitud, se le elevó a la categoría de Dios del Maíz.

Kinich Ahau (m): O Ah Kinich, textualmente, Señor del Ojo del Sol, razón de ser de todo para los mayas.

Likin (m): Oriente. Su color era el rojo.

Magia. Es la supraestructura reverencial de la sociedad primitiva. La magia es propia de la sociedad sin clases, como la de Tikal y Copán. La religión como supraestructura reverencial es propia de la sociedad dividida en clases, con dioses fuera del mundo, con rito externo y con casta sacerdotal. En la magia se pide a las fuerzas cósmicas ordenando, porque se tiene derecho. En la religión se pide suplicando, por el carácter inferior del hombre. De ahí que los conjuros sean distintos de las oraciones. Al desaparecer la sociedad primitiva y triunfar la religión, la magia buscó al diablo para llevarle contrapartida a Dios. Se dividió en magia blanca y magia negra, siendo la primera un principio de ciencia, mientras que la segunda se hundió en la hechicería. Aún no ha cesado la lucha de la magia con la religión en otras condiciones. Y hasta se dice ya que la ciencia más avanzada no es otra cosa que alta magia.

Mística. Eran disciplinas de los iniciados que pretendían los secretos de Misterio de la magia. Con la mística se preparaban para alcanzar la esoteria y la exoteria mágicas. Así, lo que era místico era mágico, y a la inversa. Al triunfar la religión, la mística fue el afán de anular el ser personal para fundirlo en la Divinidad.

Mitnal (m): El cielo más profundo del Bolontikú, en que estaban las raíces del Yaxché, árbol del mundo. Por lógica, el Mitnal no era el infierno de los mayas, porque aún no concebían esta religión, propia de las religiones posteriores.

Mitología. La mitología maya y la tolteca eran distintas. Pero se fundieron después de la alianza en el siglo XI por razones de sistema social, agricultura del maíz y magia astral. Por ejemplo, en el Códice de Dresde se ve el testimonio de la mitología maya antes de la alianza; y en el Popol Vuh, el de la tolteca ya con influencias mayas.

Muerte. En la concepción del panteísmo rudimentario de los mayas, en el ser humano había unión de materia terrestre y espíritu solar. Al cesar la vida se ofrecía una reintegración a ambos orígenes. De ahí que la muerte, de modo natural, no fuera temida por ellos, porque existía la posibilidad de volver a la vida. En las fiestas funerales, los cantos fúnebres eran un llamado al retorno. Ah Puch, dios de la muerte, fuerza destructora, no era tan temido como creen algunos autores. Los mayas no temían más que a la muerte dolorosa, que al fin aceptaban con altura moral. Y cuando la vida se volvía fastidiosa o se prolongaba sin razón, acudían a Ixtab, diosa del suicidio, bajo cuya protección morían de hambre o se ahorcaban, siempre anhelando volver a la vida en mejores condiciones.

Nohol (m). Sur. Su color era el amarillo.

Nuevo Imperio. Nombre con que designan los arqueólogos modernos a la época floreciente de los toltecas en Yucatán y Centroamérica.

Numerología. Las matemáticas de los mayas y toltecas eran mágico-místicas. Si la cantidad era abstracta, no por ello dejaba de tener esencia solar-astral. Lo mismo pensaban los antiguos magos, hierofantes, sacerdotes y filósofos de Egipto, Sumeria, Irán, Israel y Grecia. Pitágoras y Platón eran de este parecer, aunque más avanzados.

Entre los mayas y toltecas la cantidad era parte de la totalidad, de la que no se podía prescindir; los números eran cosas mágicas, místicas, poéticas, divinas, como se dijo después, y los de la buena suerte eran el 4, el 9 y el 13: por los cuatro Chac que presidían los puntos cardinales; por los nueve cielos de abajo del Bolontikú y por los trece cielos de arriba del Oxlahuntikú, en los que se paseaban los planetas, entre ellos la graciosa Venus.

Basados en los trece cielos de arriba, contaban los días en grupos de trece, los cuales, repitiéndose 20 veces (mes lunar), daban un total de 260 días, que hacen una revolución de Venus: año sagrado que marcaba el calendario del Tzolkín.

Sólo hacemos esta cita por la curiosidad que contiene.

Oxlahuntikú (m). Trece cielos presididos por trece dioses, hacia arriba; desde Mercurio hasta las más altas constelaciones. Los dioses eran los planetas y los astros, que tenían círculos que delimitaban dichos cielos.

Paxil (t). Jardín de frutas deliciosas y flores agradables. (Popol Vuh).

Poesía. Es claro que, por el carácter de la sociedad comunal primitiva, los mayas y los toltecas percibían una armonía colectiva; tenían una inspiración amplia, sus ideas eran elevadas, y su estilo vigoroso y llano. Su poesía épica y lírica estaba ligada al canto y a la música. Sus ritmos de golpes y suspensiones, según sus respectivas lenguas, no podían ser otros que los ritmos griegos, porque están en la naturaleza de la palabra y son eternos. Y en cuanto a sus rimas y combinaciones, usaban la antífona y gustaban del juego de giros y vocablos, tal como suele emplearlos Miguel Ángel Asturias, conocedor de estas cosas, y de donde nace la novedad de su literatura.

Quetzalcóatl (t). Gran jefe tolteca que, a la cabeza de las tribus de su raza, abandonó Tula o Tollán en el norte de México para venir a instalarse en Yucatán y Centroamérica. Lo consideramos aquí como el iniciador de la época metalífera.

Tenochtitlán (azteca). Gran urbe de la confederación de tribus del Anáhuac. Cuando la invadió Cortés, en España no existía una población tan grande como ella.

Tikal (m). Gran urbe maya. Quizás la más monumental antes de la era cristiana.

Tula (t). O Tollán; urbe original de los toltecas.

Tzab (m). Pléyades.

Tzolkín (m). Textualmente, cuenta de los días venusinos. Fue el calendario que inventaron los mayas en Copán.

Uinal (m). Mes.

Urbe. Decimos así para caracterizar las poblaciones de la sociedad primitiva. La ciudad tiene matiz político y sugiere al Estado.

Viejo Imperio. Nombre con que designan los arqueólogos a los mayas florecientes hasta el siglo VIII de la era cristiana.

Xaman (m). Norte. Su color era el blanco.

Yaxché (m). Ceiba. Árbol americano de la familia de las bombáceas: el fruto de la ceiba contiene algodón. Para los mayas, el Universo era un árbol con sus raíces en el Bolontikú y sus hojas, flores y frutos en el Oxlahuntikú. En la India, el árbol sagrado era el Asvatha; en Escandinavia, el Igdrásil.

CONTENIDO

www.ingramcontent.com/pod-product-compliance
Lightning Source LLC
Chambersburg PA
CBHW032259310726

48973CB00008B/2458